추천사

• 이규현 목사 (수영로교회 담임목사)

코로나19 팬데믹으로 가정은 이전보다 훨씬 더 중대한 이슈가 되었습니다. 특히 그동안 한국교회는 교회와 가정의 연결에서 부족함이 많았습니다. 다음 세대에게 신앙을 전수해주는 일은 쉽게 답을 얻어내기 어렵습니다. 모든 교회가 다음 세대를 위한 고민은 하고 있지만, 해법에는 난감한 것이 사실입니다. 이 책은 위드 코로나 시대의 위기를 맞고 있는 가정에 대한 교회의 대안을 구체적으로 제시하고 있습니다.

저자는 가정의 회복에 대한 남다른 열정을 가지고 있을 뿐만 아니라, 미국교회 안에서 일어나고 있는 성공적인 가정 사역들에 대한 심층적인 연구를 해왔으며 추상적인 대안이 아니라 이론과 실제의 균형을 갖춘 내용으로 잘 정리되어 있습니다. 이제 한국교회 안에서 적용 가능한 해법들까지 포함하여 책으로 출판하게 되었습니다. 오늘날 한국교회에 가장 절실한 주제인 가정과 다음 세대를 일으키는 일에 있어 현장 사역자들은 물론 자녀를 둔 부모들과 교사들에게도 매우 유익한 길라잡이가 되리라 믿습니다.

• 이정현 목사 (청암교회 담임목사, 개신대학원대학교 겸임교수)

많은 이들이 한국 교회 다음 세대의 위기론을 외치고 있다. 특히 코로나19를 겪으면서, 지금까지 주일학교 교육의 한계를 다들 보게 되었다. 여전히 현장에서는 다음 세대의 회복과 부흥을 꿈꾸고 있지만, 갈피를 못 잡고 있어 한다. 왜 갈피를 잡지 못하는 것일까? 바로 다음 세대 사역의 방향성을 모르고 있기 때문이다.

한국 교회 다음 세대 사역의 가장 큰 문제는 신앙의 세대 전수가 되지 않은 것이다.

80년대, 90년대까지 넘쳤던 주일학교가 급감한 이유는, 그때 학생들이 부모가 되었는지만 많은 경우 교회를 떠났고, 남아 있다 할지라도 그들의 자녀 세대는 교회를 다니지 않고 있기 때문이다. 그렇다면 지금 한국 교회 다음 세대의 문제 해결점은 신앙의 세대 전수밖에 답이 없다고 할 수 있다.

「신앙전수 시너자이즈」는 신앙의 세대 전수를 어떻게 해야 할지, 분명한 답을 제시해 주고 있다. 교회의 다음 세대 사역이 반드시 가정과 연계되어야 하며 이 부분을 구체적으로 실행할지 방법을 주고 있다. 이 책은 이론적으로 매우 탄탄한 책이다. 또한 성경에서 말하는 신앙의 세대 전수의 방법론이 고스란히 담겨 있다. 그러면서 동시에 매우 실천적인 책이다. 저자가 수영로교회에서 이미 실행한 가정 사역의 프로그램을 대안으로 제시하고 있다. 큰 교회나 작은 교회나 할 것이 없이 전체적으로 교회에 바로 사용이 될 수 있는 많은 프로그램도 열거되었다.

신앙의 세대 전수, 한국 교회의 가장 큰 숙제다. 이 책을 통해서 한국 교회의 다음 세대의 문제 해결에 큰 도움을 받을 수 있을 것이다.

• 양승헌 목사
(파이디온선교회 설립 및 전 대표, 전 합동신학대학원 교수, 현 세대로교회 담임목사, 교육학박사)

코로나19는 우리 사회뿐 아니라 교회 공동체에도 큰 위기를 가져다주었다. 비대면 예배, 온라인 양육에 익숙해지면서 교회 공동체의 의미와 교제와 삶에 대한 전통적인 생각들이 전반적으로 약화되고 있다. 특히 주일학교 교육의 연속성이 깨지고, 준비되지 못한 가정에 교육이 던져지면서 다음 세대가 건강하게 자랄 영적 생태계가 무너지고 있다. 우리의 다음 세대가 몸과 마음으로 교회를 떠나는 것은 특히 긴장해야 할 큰 위험이다.

이 위기를 위험이 아닌 기회로 바꾸는 길은 가정과 교회가 에너지를 통합하는 것이다. 가정만큼 자녀를 사랑하는 에너지가 어디에 있겠으며, 교회만큼 자녀를 바른 진리로 세워줄 에너지가 어디 있겠는가? 이 두 에너지를 융합하여 다음 세대를 반듯한 예수 그리스도의 제자 세대로 세워야 한다. 그것이 우리 기독교 교육의 최대의 과제로 대두

되었다.

가정사역 전문가 김기억 목사님이 쓴 「신앙전수 시너자이즈」는 우리 앞에 버티고 선 막막한 과제를 풀어나갈 길을 찾는 디딤돌이 될 것이라고 믿는다. 그는 이 책에서 신앙전수에 대한 성경적 진리 위에 구체적인 원리와 실제적인 지침들을 제시하고 있다. 특히 무너진 가정 예배를 세우는 일, 한 아이의 성장 과정을 따라 자녀를 양육하도록 교회가 도움과 훈련을 제공해야 할 일, 가정과 교회의 시너지를 창출해 내기 위한 목회의 구조적 변화 등, 실타래 같이 엉킨 문제들을 풀어내는 지혜를 제공하고 있다. 믿음의 대가 끊길지도 모르는 우리의 현실을 직시하는 모든 이에게 이 책을 추천한다.

• 이인호 목사 (한국NCD교회개발원 수석코치, NCD다음세대 사역원 원장, 국제NCD 공인코치)

어느 시대에든지 당시의 사회를 상징하는 문화가 있다. 의식주를 비롯하여 언어, 풍습, 종교, 학문, 예술, 제도 등을 모두 의미한다. 각자의 가정에도 문화가 있다. 그리고 신앙은 문화로 전해진다. 부모의 언어, 생활양식을 통해 드러나는 신앙은 가정에 문화로 자리하여, 일회성 경험이나 지식전달보다 강한 영향력을 갖는다. 「신앙전수 시너자이즈」는 이 개념의 중요성을 강조하면서, 가정에서의 신앙전수의 근거와 사역 현장에서의 사례들을 들려준다. 교회와 가정이 합력하여 신앙의 문화를 가정에 스며들게 하는 좋은 안내서이다.

• 양현표 교수 (총신대 신학대학원 실천신학)

본서는 오늘날 한국교회의 중대한 문제점 중의 하나로 인정되는 세대 간 신앙 전수의 단절에 관하여 말하고 있다. 부모의 신앙이 자녀에게 이어지지 못하고 있는 한국교회의 문제점을 세밀하게 분석하고, 그에 대한 대안을 제시할 뿐 아니라 구체적인 실행 방법까지도 논하고 있다. 다음 세대에 대한 신앙의 전수는 지식 위주의 가르침으로 되는 것이 아니라, 삶이 집적된 신앙공동체의 문화를 통해 이루어진다는 것이 저자의 핵심 주장이다. 그는 "믿음은 말로 배우는 것이 아니라 경험으로 획득하는 것"이라고 말한다. 그렇기에 신앙을 전수하기 위해서는 교회와 가정, 그리고 목회자와 부모가 협력하여 신앙적인 문화를 만들어야 한다는 것이다. 저자가 말한 〈'교회 같은 가정'을 세우는 '가족 같은 교회'〉라는 한 마디는 실로 한국 교회를 위한 멋진 슬로건이 아닐 수 없다. 이 책을 접하는 독자들은, 신앙을 포기하는 다음 세대를 바라보는 저자의 안타까움에 공감할 것이며, 그에 대한 구체적이고 실행 가능한 대안들을 얻을 수 있을 것으로 본다. 이 시대 신앙교육을 위해 적절한 대안을 찾아야만 하는 교회들과 가정들의 구성원들이 반드시 접해야 할 당위성이 있는 책이라고 확신한다.

- **주경훈 목사 (꿈이있는미래 소장)**

코로나19 이후에 가장 많이 들었던 질문이 '다음 세대 회복을 위해 어떻게 해야 합니까?'였습니다. 그 질문에 답을 하기 위해 여러 큰 노력을 했지만, 항상 충분하지는 않았습니다. 하지만 이제는 이 책, 한 권을 권하려 한다. 형광펜을 들어 밑줄을 그어가며 책을 읽다 보면 엔데믹endemic 시대의 목회 돌파구를 발견하게 될 것이다. 가정과 교회는 하나님이 세우신 기관으로서 강력한 영향력을 지니고 있다. 가정과 교회는 서로 이름은 다르지만 같은 존재 목적을 지니고 있다. 믿음의 세대 계승이 그 목적이다. 그리고 가정과 교회가 함께할 때 그 목적을 더욱 완전하게 완성할 수 있다.

엔데믹 시대이기 때문에 가정과 교회가 함께 해야 한다는 것이 아닙니다. 그것이 본래 하나님의 계획이기 때문에 가정과 교회는 함께해야 합니다. 「신앙전수 시너자이즈」는 이 부분에 대한 이론과 실제를 겸비한 책입니다. 김기억 목사님은 오랜 시간 동안, 이 주제에 관해서 깊이 연구했고, 목회 현장에 접목했으며 지금도 몸부림치고 있습니다. 책을 읽는 내내 무릎을 치며 '아! 그렇구나'Aha! Moments를 연발했고, 빨리 책을 덮고 현장에 접목하고 싶은 충동이 일었습니다. 본 책을 읽는 독자들도 동일한 경험을 할 것을 확신하며 일독을 권합니다.

• **황종식 목사** (안산동산교회 교구 및 패밀리아카데미 담당 목사)

하나님은 죽음이 호령하는 듯한 엄동의 동토 속에서도 늘 새싹을 띄워낼 준비를 하십니다. 그렇게 하나님의 일하심을 기다리며 기대하고 있을 때, 드디어 목사님이 탈고했다는 기쁜 소식을 접하게 되었습니다. 김기억 목사님과는 하나님의 부르심에 설레었던 신대원 때 사역지에서 만났습니다. 함께 울고 웃으며 사역했던 때를 돌아보면 목사님은 비전의 사람이었고 또 그 비전을 따라 늘 노력하는 열정의 사람이었습니다. 유학 시절에 가정 사역으로 전공을 정했다는 이야기를 들었을 때, 하나님이 목사님을 통하여 한국교회와 가정에 귀한 사역을 이루시겠구나 하는 기대감이 들었습니다. 이 책은 분명 하나님이 한국교회를 사랑하시는 역사를 보여주는 동시에 비전의 사람 김기억 목사님의 순종의 열매입니다.

이 책은 한마디로 경첩Hinge 같은 책이라 표현하고 싶습니다. 그동안 너무나 중요하지만, 평행선을 달렸던 교회와 가정을 어떻게 연결하고 협력Synergize하게 수 있는지 알려주는 연결고리입니다. 첫 번째 신적 기관인 가정과 두 번째 신적 기관인 교회를 연결하고, 세대와 세대를 이어가며, 문화로 신앙의 통로 삼는 비밀이 이 책에 담겨있습니다. 이 책은 한국교회에 새로운 나침반이 되어 세속화에 쓰러지는 교회와 가정에 굳건한 디딤돌이 될 것입니다. 저자의 시대와 가정의 필요를 분별하는 열정은 녹록지 않은 참고문헌에 그대로 드러납니다. 이 책은 독자가 본문을 넘어 행간 안에 수많은 고뇌와 기도를 담아낼 것이며 그 고민에 합당한 근거와 방향을 제공해 줄 것입니다.

하나님께서 준비하게 하신 목사님의 책은 교회와 가정의 좁혀지지 않는 간격을 사라지게 할 시작이라 믿습니다. 하나님이 이 땅의 수많은 교회와 가정, 모든 목회자와 성도들에게 이 책을 추천합니다.

• **김대진 목사** (싱크와이즈 교육목회연구소 대표, 하늘누리교회 담임목사)

모든 교회가 다음세대를 염려하는 시대가 되었다. 신앙의 대가 끊어질지도 모른다는 위기감 속에 주일학교로만은 안된다는 생각으로 가정과 부모에 관심을 두기 시작한 것은 고무적인 일이다. 그러나 많은 교회들은 여전히 다음세대를 가르치고 투자하여 앞으로 열매를 거둘 미래세대로만 보는 듯 하다. 그렇지 않다. 그들은 교회의 현재이다. 부모세대와 함께 걸어가며 교회로 지어져가는 지금 우리 곁의 형제요 자매이다. 저자는 지금껏 논의된 세대통합 사역의 여러 이론들을 성실히 공부한 이론가일 뿐만 아니라 교회 현장에서 충성스럽게 실천하고 있는 목회자이기도 하다. 그가 책의 상당 부분에서 모든 세대가 함께 기념하고 기억하는 마일스톤 사역을 세대통합 실천의 과정으로 소개한 것이 반갑고 기쁘다. 아무쪼록 이 책이 함께 지어져가는 통전적 교회를 꿈꾸는 이들에게 도전과 격려, 도움과 응원이 되기를 간절히 기도하며 추천한다.

이것은 우리가 들어서 이미 아는 바요,

우리 조상들이 우리에게 전하여 준 것이다.

우리가 이것을 숨기지 않고 우리 자손에게 전하여 줄 것이니,

곧 주님의 영광스러운 행적과 능력과

그가 이루신 놀라운 일들을

미래의 세대에게 전하여 줄 것이다.

주님께서 야곱에게 언약의 규례를 세우시고

이스라엘에게 법을 세우실 때에,

자손에게 잘 가르치라고, 우리 조상에게 명하신 것이다.

미래에 태어날 자손에게도 대대로 일러주어,

그들도 그들의 자손에게 대대손손 전하게 하셨다.

그들이 희망을 하나님에게 두어서,

하나님이 하신 일들을 잊지 않고,

그 계명을 지키게 하셨다.

시편 78:3~7 (새번역)

하나님의 디자인 • 가정과 교회

신앙전수 시너자이즈

신앙전수 시너자이즈

초판 1쇄 발행 2022년 3월 25일

지 은 이   김기억
펴 낸 이   김한수
편   집   박민선

펴낸곳   한국NCD미디어
등 록   과천 제2016-000009호
주 소   경기도 과천시 문원청계2길50 로고스센터 206호
전 화   02-3012-0520
이메일   ncdkorea@hanmail.net
홈주소   www.ncdkorea.net

ISBN 979-11-91609-77-6 03230

copyright©한국NCD미디어 2022
Printed in Seoul, Korea

* 이 책은 한국NCD미디어가 저작권자와의 계약에 따라 발행한 것이므로
  본사의 협의없는 무단전재와 무단복제를 엄격히 금합니다.
* 잘못 만들어진 책은 구입처에서 교환해드립니다.

값 17,000원

하나님의 디자인 가정과 교회

신앙전수 시너자이즈

김기억 지음

시너자이즈 Synergize 란? _7p

1장. 위치 확인 _12p

    1. 신앙 전수의 현시점

    2. 신앙 전수 방법

2장. 방향 설정 _31p

    3. 가정 사역의 전략, '문화 만들기'

    4. 교회와 가정을 연결하라!

        A. 교회 같은 가정
        B. 가정 같은 교회

3장. 실행과 지속 _71p

5. 가정 예배 & 깨달음의 순간 Aha! Moments

6. 마일스톤 Milestones

7. 가족 경험 사역 Family Experiences

8. 실행과 지속을 위한 구조 만들기

문화는 사명자가 만든다 _150p

시너자이즈 Synergize 란?

+

가정과 교회는 동역자다. 서로 협력하면 시너지 Synergy를 만들 수 있다. 시작점은 교회다. 교회가 먼저 '가정을 살리는 교회'가 되어야 한다. 가족을 삶의 중요한 가치로 여기는 젊은 세대는 가정을 살리는 교회를 찾고 있다.

시너자이즈Synergize란?

위기는 기회다. 위기의 때에 변화가 시작된다. 이전에는 꿈쩍 않던 것이 위기를 만나면 깨어진다. 그 깨어진 틈에서 새로운 움이 돋아난다.

뉴노멀을 말하는 시대, 교회는 위기를 직면했다. 코로나19 팬데믹을 통과하며 위기는 심화되었다. 교회당에 모이지 못하는 충격이 한국 교회를 강타했다. 가정에서 예배드릴 수 밖에 없는 상황이 되었다. 그런데 여기에 반전이 있다. 자연스레 가정의 중요성이 대두되면서 가정 신앙교육이 강조된 것이다. 부모가 자녀를 가르치는 성경적 자녀교육이 회복된 것이다. 포스트 코로나19 시대, 다시 모이게 되어도 팬데믹으로 일어난 변화는 계속될 것이다.

그러나 사실 교회의 위기는 이전부터 있었다. 노령화 시대의 도래와 젊은 세대 감소는 이미 진행 중이다. 주일학교가 사라진 교회도 급증하고 있다. 이에 대한 다양한 경고가 나왔지만, 쉽게 변화하기 어려웠다. 그래서일까? 팬데믹은 성경적 신앙 교육을 회복하는 변화의 기폭제가 되었고, 가정의 중요성을 재발견하게 했다. 위기감이 증가할수록 가족은 뭉쳤다. 모든 것이 온라인으로 바뀌어도 가정은 언제나 오프라인으로 존재하기 때문이다. 가족의 소중함을 다시 한번 느꼈다. 가족을 최우선 가치로 여기는 3040세대에게는 더했다. 이제는 가족 중심의 문화가 더욱 득세할 것이다. 교회는 이런 현상을 기회로 활용해야 한다.

가정과 교회는 동역자다. 서로 협력하면 시너지Synergy를 만들 수 있다. 시작점은 교회다. 교회가 먼저 '가정을 살리는 교회'가 되어야 한다. 가족을 삶의 중요한 가치로 여기는 젊은 세대는 가정을 살리는 교회를 찾고 있다. 교회와 함께 자녀를 키우며 부부관계와 가정생활을 윤택하게 만들 수 있다면 젊은 세대에게 매력적인 교회가 될 수 있다. 그들의 문화를 활용해 복음을 전할 수 있다.

변화의 시기. 어떻게 변화할 수 있을까? 신앙전수를 위해 교회와 가정, 목회자와 부모가 협력해 시너지를 만들어야 한다. 교회가 추구하는 복음과 가정이 추구하는 행복과 자녀교육을 함께 협력Synergize하는 것이다. 이를 위해서 세 가지 단계가 필요하다.

가장 먼저 '현황 파악'이 필요하다. 변화의 시작은 현재를 냉철하게 아는 것이다. 문제의 원인을 발견해야 방향을 잡을 수 있다. 여기에는 성경적 시각이 필요하다. 지금까지 일어난 현상들을 영적으로 분별해야 한다. 부정적인 평가와 비판, 책임 추궁이 아닌, 하나님의 섭리 안에서 과거를 바라보는 것이다. 하나님은 오늘부터 새롭게 시작하기 원하신다.

  그 다음은 '방향 설정'이다. 현재를 파악했다면 나아갈 방향을 찾아야 한다. 방향은 언제나 성경에 있다. 성경의 가르침은 명확하다. 부모가 자녀에게 신앙을 가르쳐야 한다(신 6:4~9, 엡 6:4). 교회는 그런 부모를 지원해야 한다. 신앙 교육은 개별 가정의 문제가 아니다. 자녀를 제자로 세우는 사역은 공동체가 함께해야 한다. 부모 세대가 함께 자녀 세대를 제자로 키워야 한다. 교회는 그것을 위해 존재한다.
  교회와 가정의 공동 목적지는 믿음의 다음 세대를 키우는 것이다. 같은 곳을 향해 같은 속도로 동행하는 관계다.

  마지막으로 '실행과 지속'이다. 실행하지 않으면 아무것도 일어나지 않는다. 성경적 가정과 교회를 회복하기 위해 도전해야 한다. 여기에 필요한 것이 믿음이다. 믿음의 한 걸음을 내디딜 때, 새 일이 일어난다. 그런데 더 중요한 것이 있다. 바로 지속하는 것이다. 변화는 하루아침에 일어나지 않는다. 참고 견뎌내는 시간이 필요하다. 반대와 낙담에 좌절하지 않는 의지가 필요하다. 잘하는 것보다 지속하는 것이 중요하다. 포기하지 않으면 새 길이 열린다.

교회는 변화해야 한다. 하나님께서 이끌어가시는 새로운 세상은 변화해야 들어갈 수 있다. 변화는 어렵다. 언제나 저항을 마주한다. 그러나 변하지 않으면 죽는다. 전략이 필요하다. 이제 그 변화를 시작해 보자.

위치 확인

✚

신앙은 '문화culture'로 전해진다. 태어나면서부터 경험하는 삶의 방식 모두가 신앙을 형성하는 것이다. 부모의 낡은 성경책엔 믿음이 묻어 있다. 일상에서 나눈 눈빛과 격려, 따뜻한 손길이 모두가 신앙 전수의 통로다. 가족이 함께하는 영적 경험은 곳곳에 새겨진다.

1장
위치 확인

1. 신앙 전수의 현시점

　과거 한국 교회는 엄청난 부흥을 경험했다. 주일학교마다 아이들이 넘쳤다. 청년들이 일어나 복음을 전했고 매년 수많은 젊은 선교사가 일어났다. 교회를 위해 시간과 물질을 아낌없이 내놓은 믿음의 세대들이 한국 교회 부흥을 이끌었다.

　그런데 지금 한국 교회는 주일학교가 사라지고 있다. 출산 인구 감소 때문만은 아니다. 교회의 다음 세대 감소는 인구 감소에 비례해 훨씬 급격한 추세다. 청년 복음화율은 미전도 종족 수준으로 떨어졌다. 30~40대의 교회 이탈은 오래된 고민이다. 코로나19는 이런 위기를 증폭시켰다.

변화의 시기에 어떤 문화를 만드는지에 따라 미래가 결정되기 때문에 뉴노멀New Normal을 말하는 지금은 신앙 전수에도 매우 중요한 시기다. 교회는 지금을 반전의 기회로 삼아야 한다. 위기를 기회로 만들기 위한 방법과 신앙 전수를 위해 무엇을 해야 하는 지 고민해야 한다.

1) 문제점 분석: 단절된 세대, 단절된 신앙 유산

한국 교회의 위기는 다양한 이유가 있을 것이다. 그중 한 가지 핵심적인 문제는 '세대 간 단절'이다. 부모 세대의 신앙이 자녀 세대에게 전해지지 않는 것이다. 그동안 세대 간 수평적 전도는 열심이었지만, 수직적 전도는 간과했다. 그 결과 수많은 부모가 자녀의 신앙을 기도 제목으로 내놓고 있다. 그러나 뾰족한 대안이 없다.

왜 이런 상황이 발생했을까? 한국 교회 만의 문제는 아니다. 미국이나 영국 등 기독교 선진국이라 불리는 나라도 비슷한 고민을 하고 있다. 신앙은 억지로 주입할 수 없기 때문이다. 효율성을 앞세운 교육 시스템과 방법론 중심의 자녀교육으로는 신앙을 전해줄 수 없다. 신앙은 말이 아닌 삶으로, 교육이 아닌 경험으로 전해져야 한다. 그래서 세대 간 연결이 신앙 전수의 핵심 전략이다. 이전 세대의 신앙 생활에 다음 세대가 동참해야 한다. 발달 단계에 따른 전문적인 교육은 필요하지만, 세대를 연결하지 못하면 잠깐 반짝일 뿐이다.

최근 한국 교회 안에 급격히 감소하고 있는 30~40대를 생각해보라. 이들은 어렸을 때부터 또래 관계 안에서 생활했다. 생애 대부분의 시간을 이전 세대와 분리되어 동년배 그룹 코호트, cohort과 경쟁하며 성장했다.

미국의 사회학자인 크리스천 스미스 Christian Smith는 세대별로 분리된 사회의 위험성을 지적한다.[1]

> 대부분의 미국 청소년은 공동체 생활의 대부분을 나이에 따라 구분된 기관에서 보낸다. … 이는 그들이 접촉하고, 노출되고, 생각하는 것을 다른 세대와 분리하고 제한한다. 이런 나이 계층화 패턴은 심오한 도덕적, 사회적 문제를 내포한다.

임상심리학자인 매리 피퍼 Mary Pipher도 비슷한 이야기를 한다.[2]

> 미국의 도덕 해체 현상의 상당 부분은 나이 분리에서 비롯된다. 열네 살짜리 10명이 뭉치면 경쟁심과 비열함으로 가득 찬 문화를 형성할 것이다. 그러나 2세에서 80세 사이의 10명이 함께 모이면 모두를 양육하고 가르치는 자연스러운 나이 계층이 형성될 것이다.

'한 아이를 키우려면 한 마을이 필요하다.'라는 말이 있다. 산업화 이후 일반화된 나이별 분리 교육은 효율적일지는 몰라도 온전한 인간을 교육하기엔 역부족하다. 지금 일어나고 있는 반인륜적 문제들은 이런 교육 문화의 결과라고 할 수 있다.

교회는 효율성을 내세우며 전문화를 강조했다. 세대별 전문 사역자가 등장했고 교회 시스템도 각 세대를 구분했다. 남침례 신학교 교수인 티모시 폴 존스Timothy Paul Jones는 이런 세대별 단절된 교육 시스템을 "기초부터 결함이 있는Fundamentally Flawed 것"이라고 말한다.[3] '밑 빠진 독에 물 붓기'라는 의미다. 하나님이 디자인하신 신앙 전수 방법은 세대별 전문 교육이 아닌, 부모와 자녀의 공동체적 삶이다. 지금 나타나고 있는 신앙 전수의 위기는 성경에서 말하는 전수 방법에서 벗어난 결과라고 할 수 있다.

물론, 주일학교 교육은 필요하다. 효과적인 교육을 위해서 연령별 발달 이론, 눈높이에 맞는 시설과 프로그램, 전문가 그룹과 헌신 된 교사는 매우 중요하다. 그러나 주일학교 교육만으로는 부족하다. 신앙 교육은 교회와 가정이 함께 감당해야 한다. 이는 성경으로 돌아가 신앙 전수의 원형Original Design을 회복하는 작업이다. 10~20년 후 교회를 생각한다면 새로운 시대New Normal에 맞는 새로운 목회 전략New Ministry Strategy이 필요하다.

모든 조직은 변화를 두려워한다. 생존의 문제가 걸리지 않으면 변화하지 않는다. 그래서 코로나19는 기회다. 그동안 시도하지 못했던 새로운 전략을 시도해야 한다. 더는 세상을, 악한 문화를, 젊은 세대의 믿음 없음을 핑계할 수 없다. 냉정하게 인정해야 한다. 우리는 신앙 전수에 실패했다. 이제는 교회와 가정이 함께 신앙 유산을 만들어야 한다. 다음 세대를 살리는 방법은 좋은 역사를 통해 축적된 신앙 유산을 다음 세대에게 물려주는 것이다. 교회와 가정이 함께 신앙을 전해주는 시너자이즈 Synergize, 협력해서 움직이다를 만들어야 한다.

2. 신앙 전수 방법

신앙은 '문화 culture'로 전해진다. 태어나면서부터 경험하는 삶의 방식 모두가 신앙을 형성하는 것이다. 부모님의 낡은 성경책엔 믿음이 묻어 있다. 일상에서 나눈 눈빛과 격려, 따뜻한 손길이 모두가 신앙 전수의 통로다. 가족이 함께하는 영적 경험은 곳곳에 새겨진다. 연약한 무릎을 받쳐주던 기도 방석, 정성스레 채워진 필사 성경, 손때 묻은 기도 노트와 같은 부모의 모든 흔적은 깊은 신앙의 결정체가 된다. 그래서 믿음으로 이 땅을 떠난 부모님의 인생을 정리하는 자녀는 그동안 보지 못했던 부모의 믿음을 목격한다. 세월의 무게만큼 깊은 신앙 유산이 자녀의 손에 들려진다.

예수님은 말씀하셨다. "한 알의 밀이 땅에 떨어져 죽지 아니하면 한 알 그대로 있고 죽으면 많은 열매를 맺느니라"(요 12:24) 죽음은 많은 열매를 맺는 통로다. 그래서 예수님은 십자가에 달리셨다. 제자들은 그 죽음의 열매였다. 여기서 멈추지 않았다. 제자들의 죽음은 초대 교회를 낳았다. 초대 교회 순교자들은 로마 제국을 무너뜨렸다. 복음은 이전 세대에서 다음 세대로 시간을 뚫고 우리에게 전해졌다. 신앙 전수는 한 번도 중단된 적이 없다. 뉴노멀을 사는 우리의 사명도 다음 세대에게 신앙을 전해주는 것이다. 예수님 다시 오실 그날까지 이 사명은 변하지 않아야 한다. 그리스도인들은 끊임없이 신앙을 전수해야 한다. 종교적 의식이나 고풍스러운 건물을 말하는 것이 아니다. 살아 숨 쉬는 복음을 말하는 것이다. 부모의 인생을 복음으로 채우는 것이 시작이다. 예수님을 닮아 사랑과 인내로 사는 부모, 서로를 사랑하고 자녀를 용납하는 부모로 사는 것이다. 신앙 전수를 이유로 자녀에게 시선을 두면 안된다. 복음이 묻어나는 삶을 사는 것이 먼저다. 율법이 아닌, 복음의 기쁨으로 사는 것이 부모의 사명이다.

1) 부모의 믿음이 중요하다.

신앙 전수를 위한 첫 단계는 '믿는 부모가 되는 것'이다. 부모의 믿음은 자녀에게 직접적으로 전해진다. 갈수록 악해지는 세상에서 부모는 믿음의 모델이 되어야 한다. 세상은 바른 삶보다는 빠른 삶을 가르친다. 말씀을 따라 사는 삶을 부정한다. 보암직도 하고, 먹음직도 한 것을 들고 우리 자녀들을 유혹한다. 일주일에 한두 시간 참여하는 교회 활동으로는 이 시대의 거센 조류를 극복하기는 역부족이다. 부모가 본연의 역할을 감당해야 한다. 태초부터 부모는 신앙 전수의 핵심으로 창조되었다(창 1:28).

어린아이에게 부모는 우주적 존재이다. 부모의 품에서 인생이 시작된다. 일상의 시작과 끝을 부모와 함께한다. 부모는 하나님의 대리자로 자녀를 사랑으로 보호한다. 그래서 아이는 부모에게 전적으로 의지하며 모든 것을 모방한다. 부모의 사소한 말과 행동, 감정까지도 아이에게 전달된다. 의도하지 않아도 부모는 자녀에게 모든 것을 가르친다. 누구도 부모의 역할을 대신할 수 없다.

신앙의 영역에서는 더욱더 그렇다. 배 속에 있을 때뿐만 아니라 태어나 성장하는 과정에서도 아이는 부모의 신앙을 배운다. 찬양과 기도, 말씀 읽는 소리를 듣는다. 모든 순간의 감정도 공유한다. 하나님은 부모를 통해 신앙을 배우도록 자녀를 디자인하셨기에 부모가 예수님을 닮아가면 자녀도 예수님을 닮아간다.

'부모의 믿음이 중요하다.'라는 이 명제에 이견을 제시하는 사람은 거의 없을 것이다. 부모의 삶은 자녀에게 복음을 전하는 첫 번째 통로다. 부모가 먼저 하나님을 사랑해야 한다. 자녀와 좋은 관계를 맺는 것도 중요하지만, 그보다 더 중요한 것은 부모가 믿음으로 사는 것이다. 자녀와 아무리 친밀한 관계를 유지해도 부모에게 믿음이 없다면 전해줄 신앙은 없다. 신앙은 언제나 이전 세대에서 출발해 다음 세대에게 전해졌다(시 78:1-8).

하나님은 쉐마 이스라엘 전반부에 부모를 향한 명령을 먼저 주셨다(민 6:4-9).

4. 이스라엘아 들으라 우리 하나님 여호와는 오직 유일한 여호와이시니

5. 너는 마음을 다하고 뜻을 다하고 힘을 다하여 네 하나님 여호와를 사랑하라

6. 오늘 내가 네게 명하는 이 말씀을 너는 마음에 새기고

7. 네 자녀에게 부지런히 가르치며 집에 앉았을 때에든지 길을 갈 때에든지 누워 있을 때에든지 일어날 때에든지 이 말씀을 강론할 것이며

8. 너는 또 그것을 네 손목에 매어 기호를 삼으며 네 미간에 붙여 표로 삼고

9. 또 네 집 문설주와 바깥 문에 기록할지니라

'쉐마Shema'는 모든 부모의 사명이다. 자녀를 가르치기 전에 부모가 먼저 마음을 다하고 뜻을 다하고 힘을 다하여 하나님을 사랑해야 한다. 그래야 자녀에게 부지런히 가르칠 수 있다(신 6:7). 여기서 중요한 단어는 '부지런히 가르치며שנן_사난'다. 7절은 계속 '때에든지'라는 단어로 시간을 강조한다. 신앙 교육 방법론보다 중요한 것은 언제 어디서나 부지런히 자녀에게 하나님을 전해주는 것이다. 금방 끝나는 성화Sanctification는 없다. 하나님은 끝까지 포기하지 않고 부지런히 신앙을 가르치는 부모를 원하신다.

부모의 사명은 하나님을 사랑하는 것이다. 하나님을 사랑하지 않고는 사명을 감당할 수 없다. 하나님은 행위가 아닌 사랑을 요구하셨다. 하나님은 행위에 근거한 완벽한 부모가 되라고 명령하지 않으셨

다. 자녀를 대하는 방법이나 특정한 교육 방법론을 제시하지 않으셨다. 하나님이 원하시는 것은 율법의 잣대가 아닌, 오직 하나님만 사랑하는 가정을 세우는 것이었다.

사랑이신 하나님은 "나는 인애를 원하고 제사를 원하지 아니하며 번제보다 하나님 아는 것을 원하노라"(호 6:6)라고 말씀하신다. 쉐마 이스라엘에 담긴 명령도 동일하다. 하나님은 말씀을 가까이하는 삶의 태도를 명령하셨다. 말씀을 부지런히 강론하는 것도, 손목의 기호와 미간의 표, 문설주와 바깥 문에 말씀을 기록하는 것도 말씀을 항상 기억하는 '가정 문화'를 만드는 것이다. 율법이 아니다. 신앙 전수에는 완벽한 공식이 없다. 삶에서 나타나는 부모의 신앙이 자녀에게 전해진다. 그래서 하나님은 율법을 잘 지키는 완벽한 부모가 아닌, 사랑하는 부모가 되라고 명령하셨다. '교회 같은 가정'은 하나님을 사랑함으로 예배하는 가정이다.

2) 하지만, 부모도 연약하다.

사랑만큼 어려운 것이 없다. 사랑은 아무리 받아도 갈급하고 아무리 베풀어도 끝이 없다. 지금도 수많은 사람이 사랑 때문에 괴로워한다. 더구나 죄의 논리가 지배하는 현실에서 예수님처럼 사랑을 베풀기에는 너무 연약한 인간이다. 하나님을 사랑한다고 말하지만, 누구도 완벽하지 않다. 부모도 죄인일 뿐이다(롬 3:23). 사랑해야 하지만, 사랑하기 버거운 것이 인생이다.

누구에게나 인생은 초행길이다. 자녀 양육도 예행연습이 없다. 첫째를 키웠더라도 둘째, 셋째는 또 새롭다. 그래서 불안하다. 사랑하기에 더 조급해지고 욕심이 난다. 신앙의 모범을 보여 주고 싶지만, 제자의 삶을 살고 싶지만, 마음처럼 안되는 현실에 좌절할 때도 있다. 세상에서 가장 어려운 대화는 자녀와의 대화다. 유능한 선생님도 자기 아이는 가르치기 어렵다.

더군다나 집은 휴식의 공간이다. 집에 돌아오면 당연히 쉬고 싶어진다. 긴장이 풀어진다. 가식을 벗어버릴 수밖에 없는 관계가 가족이다. 가족은 서로의 밑바닥을 본다. 밖에서는 절대 할 수 없는 말과 행동이 집에서는 튀어나온다. 신앙을 말하기에는 스스로 위선자처럼 느껴지기도 한다. 그런 부모에게 가정에서도 모범을 보이라는 말은 부담스러울 때가 많다. 워라밸(Work and Life Balance)의 줄임말이 무너진다. 얼마간 노력해보기는 하지만, 눈에 보이지 않는 신앙 교육은 어느새 뒤로 미뤄진다. 그러다가 부모의 사명이 중요하다는 이야기를 들으면 부담감과 죄책감이 밀려온다. 본인도 제자로 살기 어려운 세상인데 어떻게 자녀를 제자로 가르칠까 버겁기도 하다.

특히 세상이 제시하는 성공 방정식은 부모의 부담을 더 무겁게 만든다. '자녀 교육은 이렇게 해야 한다.' '지금 이 기회를 놓치면 큰일난다.' '자녀가 잘못되면 부모 책임이다.'라는 말로 불안을 자극한다. 자녀 양육을 마치 수학 공식처럼 설명하는 것이다. 평균이라는 허상의 선을 긋고 평가하기 바쁘다.[4] 여기에 경쟁 논리가 들어오면 살벌해진다. 다른 아이들과 비교하며 사랑이라는 이름으로 자녀를 압박한다. 세상의 틀에 끼워 맞추려 자녀를 재단하게 된다.

신앙 교육에서도 비슷한 현상이 일어날 때가 많다. 한국 교회에는 이미 다양한 신앙 교육 방법론이 존재한다. 단기간에 아이를 바꿀 특별한 대책을 제시한다. 부모의 책임을 강조하다 보니 부모 역할을 율법적으로 제시하는 것이다. 이런 방법론들은 믿음의 자녀를 키우기 위해 노력하라고 부추긴다. 그렇지 않으면 나 때문에 자녀의 신앙이 망가질 수 있다고 노심초사하게 만든다. 그러다 자녀가 신앙에 회의를 느끼면 자책하거나 비난이 일어난다. 부부간에, 부모 자녀 간에 다툼이 일어난다. 누구의 책임인지 밝혀내려 한다. 그러면 가정이 재판소가 된다. 복음은 사라지고 율법의 긴장감이 흐른다.

이런 상황을 막으려 삶을 포장하기도 한다. 부모는 자녀에게 좋은 모습만 보이려 위선에 빠진다. 예수 믿으면 잘된다고 증명해야 한다는 부담 때문이다. 그러다 보면 자녀에게 솔직할 수 없는 부모가 된다. 얼마나 괴로운 인생인가? 자녀도 비슷하다. 신앙이 좋은 것처럼 자신을 위장한다. 잔소리를 면하려 억지로 교회에 출석만 한다. 그러다 보면 신앙은 지루한 율법이 된다. 스스로 교회에 갈 이유가 없는 수동적 신앙인이 되면 위험하다.

신앙 교육은 율법이 아니다. 좋은 부모가 되는 조건들을 달성해야 신앙을 전해줄 수 있는 것이 아니다. 복음은 복음적 문화에서 가르칠 수 있다. 복음적 문화가 무엇인가? 복음이 주는 자유로움으로 일상을 사랑과 용납으로 채우는 것이다. 율법적 기준을 세워놓고 정죄하고 판단하면 숨이 막힌다. 숨이 막히면 당연히 벗어나고 싶어진다. 가정은 복음의 자유를 누리는 공간이 되어야 한다. 가정에서 자신의 마음을 솔직하게 이야기할 수 있도록 가정 문화를 만들어야 한다. 부모는 스스로 그리고 자녀에게 자유로워야 한다. 부모와 자녀는 서로의 연약함을 용납하고 기도해 주는 관계가 되어야 한다. 그렇게 가족이 함께 살다 보면 하나님께서 허락하신 간증이 쌓이게 된다.

이런 의미에서 신앙 교육은 말이나 지식이 아닌 가족이 서로의 인생에 동행하는 것이다. 정기적으로 교회에 출석하는 것을 넘어서 삶의 작은 순간에 '하나님을 사랑하고 이웃을 사랑하는' 경험이 중요하다. 범사에 드리는 감사 고백, 위기의 순간에 드리는 믿음의 기도가 신앙을 만든다.

풍랑이 가정에 닥칠 때, 부모는 자녀와 함께 기도해야 한다. 아이가 용납할 수 있는 범위라면 충분히 설명해 주고 기도를 요청하는 것이다. 그리고 불안감을 심어줄 필요는 없다. "하나님이 우리 기도를 들어 주실 거야."라고 믿음으로 선포하고 기도하면 된다. 그러면 부모와 자녀가 함께하는 신앙 여행이 시작된다. 다양한 영적 경험이 일어난다. 그 영적 경험이 쌓이면 자녀는 하나님을 알게 된다. 경험이 있으면 잠시 방황한다 해도 예수님께 돌아온다.

자녀를 제자로 세우는 부모는 믿음이 연약해도 삶이 바쁘고 힘들어도 가능하다. 제자로 살기 위해 몸부림치는 부모로 살면 된다. 연약한 제자가 완벽한 바리새인보다 낫다. 하나님은 약할 때 강함이 되신다(고전 12:7-10). 인간은 모두 연약하다. 완벽한 제자는 없다. 베드로는 이방인과 식사하다 위선을 범해 책망받았다(갈 2:11-13). 바울도 바나바와 다퉈 선교팀 멤버를 바꾸기도 했다(행 15:36-41). 죄인 된 인간은 완벽할 수 없다. 그래서 하나님은 완벽한 부모가 아닌, 하나님을 사랑하는 부모를 찾으신다. 우리는 할 수 있는 만큼 최선으로 하나님을 사랑하며 살아갈 뿐이다.

세상은 끝없는 경쟁으로 부모와 자녀를 몰아넣는다. 그 결과는 갈등이다. 달성할 수 없는 허상을 좇으면 소진될 뿐이다. 누구도 완벽해질 수 없다. 믿음의 부모는 이것을 인정한다. 완벽해지려는 욕망을 버리고 하나님 앞에 겸손히 무릎 꿇는다. 그리고 완벽하신 하나님을 드러내는 연약한 통로가 된다. 아이가 결국 의지해야 할 대상은 부모가 아닌, 하나님 아버지이기 때문이다. 자녀를 '내 자녀'이기 이전에 '하나님의 자녀'로 키우는 것이다.

부모의 책임은 하나님을 의지하는 연약한 피조물이 되는 것이다. 성경은 완벽한 아이나 상처받지 않은 아이로 키우라고 말하지 않는다. 성경적 자녀 양육의 목적은 오직 하나님만을 의지하는 아이로 키우는 것이다. 물론 상처 없이 성장하면 좋겠지만, 부모도 자녀도 죄인이기에 그런 양육은 불가능하다. 결혼은 죄인과 죄인의 만남이다.

출산은 죄인이 죄인을 낳는 것이다. 이 땅에 의인은 하나도 없다(롬 3:10). 죄인과 죄인이 함께 살면 서로 부딪히며 상처를 주고받는다. 하나님이 치유하시지 않으면 인간은 상처로 얼룩진다. 부모가 의지할 것은 하나님의 은혜뿐이다.

이런 의미에서 하나님을 의지하는 부모가 되는 것이 가장 좋은 신앙 교육이다. 말씀으로, 찬양으로, 기도로 고난을 이겨내는 부모가 되는 것이다. 부족해도 힘을 다해 하나님을 사랑하고 이웃을 사랑하는 부모, 주님의 몸 된 교회를 사랑하며 섬기는 부모가 되는 것이다. 그리고 이 땅을 떠나는 순간까지 예수님을 부르는 부모가 가장 좋은 부모다. 그렇게 하나님을 위해 살다 보면 성령 하나님이 자녀의 마음을 만지신다. 자녀를 제자로 세우는 것은 완벽한 부모가 아닌, 성령 하나님이시기 때문이다.

3) 그래서 교회가 필요하다.

복음은 우리에게 완벽을 요구하지 않는다(롬 5:8). 죄인을 용납하신 주님은 불완전한 부모라 할지라도 용납하신다. 막막한 현실 앞에서 때론 무너질 때도 있다. 부모는 원래 그런 존재다. 하나님 앞에 연약한 모습은 부끄러운 것이 아니다. 오히려 자신의 약함을 인정하는 부모가 좋은 부모다. 자녀에게 신앙을 전해주는 부모는 기쁨도, 슬픔도 자녀와 공유하는 진실한 부모다. 부모의 삶을 통해 자녀가 살아계신 하나님을 보도록 돕는 것이다.

　부모가 되려면 용기가 필요하다. 세상의 가치관과 신앙의 가치관은 다르기 때문이다. '자기만족'을 추구하라는 세상의 압박을 이겨내야 한다. 자녀에 대한 불안과 초조를 떨쳐버려야 한다. 세상이 제시하는 인본주의적 방법을 내려놓고 참 부모이신 하나님을 신뢰해야 한다. 하나님의 언약을 믿으며 인내와 사랑으로 자녀를 대하는 것이다. 그러려면 혼자서는 어렵다. 같은 마음을 품은 동역자들이 필요하다.

　자녀는 공동체 안에서 키워야 한다. 홀로 자녀의 모든 것을 감당할 수 있는 부모는 없다. 아이는 성장하며 다양한 세대와 또래 그룹을 만난다. 모든 인간은 사회 관계망 속에서 산다. 지금은 초연결 사회다. 벌써 부모가 된 밀레니엄 세대와 그들의 자녀들인 Z세대는 언제나 네트워크에 연결되어 있다. 이런 시대에 세상과 단절된 아이를 키우는 것은 불가능하다. 모든 아이는 부모의 품에서 떠날 때가 찾아온다. 품 안에 있을 때보다 홀로 설 때가 중요하다. 자녀 양육의 기본은 자립한 훌륭한 사회인으로 키우는 데 있다.

　기독교 교육에서 4~14세를 강조하는 이유는 부모의 품을 떠난 후에도 그들이 예수님을 믿어야 하기 때문이다. 스스로 하나님을 찾도록 복음적 환경을 제공하는 것이다. 율법적 의무와 잣대로 채워진 수동적 신앙은 위험하다. 복음이 주는 용서와 자유, 사랑과 섬김이 부모를 통해 전해져야 한다. 그래야 자녀가 하나님께 다가간다. 하나님의 대리자로서 부모는 자녀를 안아주며 사랑한다 말해줘야 한다.

4~14세의 자녀에게 전해줘야 하는 신앙은 율법이 아닌 복음이다.

이런 복음적 자녀 양육의 결과가 구별된 자녀다. 부모의 품을 떠나서도 거룩한 삶을 사는 자녀로 스스로 선택해야 하기 때문이다. 그러려면 어려서부터 온실 속 화초가 아닌, 광야의 들풀로 키워야 한다. 믿음은 하루아침에 만들어지지 않는다. 오랜 기간 복음적 문화에서 성장해야 한다. 가정이 홀로 감당하기는 어렵다. 세상의 물결은 매우 거세다. 혼자 들어가면 표류하기 쉽다. 그래서 믿는 자들은 모여야 한다. 다음 세대에게 신앙을 지키고 물려줄 책임을 교회가 함께 감당해야 한다. 내 가정에만 몰두하던 시야를 넓혀야 한다. 그래야 믿음의 다음 세대를 세우는 '가족 같은 교회'가 될 수 있다. 내 아이, 남의 아이라는 구분을 뛰어넘어 '하나님의 자녀'로 여기는 것이다. 신앙 전수는 부모의 책임이기 이전에 '부모 세대'의 책임이다. 교회라는 화단에 씨를 심고 부모와 목회자, 교회가 함께 물주고 돌보며 자라게 하시는 하나님을 의지해야 한다.

예수님은 네 이웃을 네 몸과 같이 사랑하라고 명령하셨다. 이것은 교회에서 먼저 실현되어야 한다. 서로를 사랑하기에 영적 가족이 되는 것이다.[5] 그러려면 교회 공동체는 경쟁 구도를 버려야 한다. 신앙 교육에서는 더욱더 그렇다. 내 아이 신앙을 1등으로 만드는 것이 목적이라면 출발부터 오류다. 이기심에서 출발한 신앙 교육은 좋은 열매를 맺을 수 없다. 이기심을 버리고 영적 가족이 되어야 한다. 부모 세대가 함께 다음 세대를 품어야 한다. 복음은 절대 평가다. 그것도 아주 쉬운 절대 평가다. 예수님은 우리를 비교하지 않으신다. 각자의 믿음을 보실 뿐이다. 가정과 교회는 공동 운명체다.

이런 관점에서 H. B. 런던H. B. London과 닐 와이즈만은Neil B. Wiseman은 "한 아이를 키우려면 마을 안의 교회가 필요하다.It takes a church in a village."라고 말한다.[6] 하나님의 형상으로 창조된 인간을 온전히 키워낼 수 있는 곳은 하나님께서 친히 창조하신 신적 기관인 교회와 가정뿐이다.[7] 교회와 가정은 동역해야 한다. 세상의 가치관을 거부한 '세상이 감당하지 못하는 세대'(히 11:38)는 세상의 교육이 아닌 하나님의 말씀으로 일어난다. 한 아이의 전인격적 성숙은 정치나 제도가 아닌, 가정과 교회가 감당해야 한다.

부모의 역할이 커지면 교회의 역할도 커져야 한다. 부모는 교회 공동체로 모이고 목회자는 부모를 동역자로 세워야 한다. 부모의 책임과 역할을 '강조하는 것'에 멈추면 안 된다. 자녀를 믿음으로 함께 키우는 공동체로 교회를 세워야 한다. 서로 격려하고 함께 기도하며 신앙을 전수하는 것은 부모와 목회자가 함께 꿈꿔야 하는 사명이다. 교회와 가정은 함께 신앙을 전수하도록 창조되었다.

교회의 존재 이유가 여기에 있다. 각 부모가 자신의 자녀에게 신앙을 전수하는 것만큼 중요한 것은 '부모 세대'가 '자녀 세대'에게 신앙을 전수하는 것이다. 가정도 중요하고 교회도 중요하다. 이 둘은 다음 세대에게 신앙을 전수하는 동역자들이다. 가정은 교회를 통해 공동체를 이룬다. 함께 다음 세대를 품을 수 있다. 한 쪽의 노력만으로는 부족하다. 교회와 가정은 신앙 전수를 위해 협력^{Synergize}해야 한다. 교회가 부모를 세워야 한다. 함께 자녀를 키우는 믿음의 울타리가 필요하다. '가정 같은 교회'를 세워야 한다.

방향 설정

+

교회와 가정의 시너자이즈는 새로운 사역을 시작하는 것이 아니다. 특별한 프로그램을 도입해야 하는 것도 아니다. 하나님께서 디자인하신 삶을 회복하는 것이다. 중요한 것은 장기적 관점에서 교회와 가정을 동기화하는 창의적 방법을 발견하는 것이다.

2장
방향 설정

　교회와 가정의 존재 목적은 '복음 전파'다. 믿지 않는 이웃에게도, 사랑하는 자녀에게도 복음은 전파되어야 한다. 행복보다 우선시 되어야 하는 것이 복음이다. 교회가 가족 관계를 위한 프로그램을 진행하는 것도, 부모를 훈련해 자녀에게 신앙을 전수하게 하는 것도 '선교적 가정'을 세우기 위해서다. 하나님의 시선은 언제나 '한 영혼'에 있다. 이 목적은 구체적인 전략을 요구한다. 바로 '신앙 전수 문화를 만드는 것'이다. 한 사람의 복음에 대한 이해는 문화로 표현된다.[8] 무엇을 보고, 듣고, 느끼는지에 따라 신앙의 모습이 달라진다. 목회자와 부모는 다음 세대가 경험하며 성장할 교회 문화, 가정 문화를 만들어야 한다.

3. 가정 사역의 전략, '문화 만들기'

문화는 공기와 같다. 의도하지 않아도 모든 인간은 문화 속에서 살고 있고 각 나라와 시대의 문화는 새로운 가치관을 만들어낸다. 문화의 변화는 새로운 역사를 만들었고 지금 인류는 문화적 격변기에 있다. 그래서 인류는 그 어느 때보다 문화적인 존재이다.

이런 세상에서 한 사람의 성장은 가정 문화에 지대한 영향을 받는다. 가정은 가장 작은 문화 조직으로 가장 밀접한 관계를 경험하는 곳이다. 작은 생활 습관부터 세계관까지 한 사람의 정체성 형성에 있어서 가정의 영향은 절대적이다. 이런 이유로 '하나님을 예배하는 가족 문화'를 만드는 것은 영적 유산을 전수하는 데 가장 중요한 과제가 된다. 우리의 근원적인 갈망은 머리로 전해지는 지식이 아닌, 반복을 통해 만들어진 '문화'에 의해 형성되기 때문이다.

관건은 '하나님을 예배하는 가족 문화'를 만드는 것이다. 문제는 가정 문화는 몇 번의 행동 교정이나 프로그램으로는 형성되지 않기 때문이다. 가정 안에 어떤 영적 습관을 '창조'하는지가 중요하다. 앤디 크라우치 Andy Crouch가 그의 책 『컬쳐 메이킹 Culture Making』(IVP. 2016)에서 말하듯 문화는 비평이나 대적, 모방이나 흡수를 통해 변화되지 않고 '새로운 문화를 창조할 때' 형성되기 때문이다.[9] 그래서 말보다 행동이 중요하다. "오늘부터 가정 예배할 거야."라고 말했다 해서 가정 예배가 세워지는 것이 아니다. 가정 예배에 잘 참여하면 상을 준다고 되는 것도 아니다. 엄마 또는 아빠가 먼저 하나님을 찬양하며 간증하기 시작할 때, 가정에서 말씀을 읽고 기도하기 시작할 때 자녀를 향한 사랑이 넘치기 시작할 때 하나님은 역사하신다.

가정 안에 거룩한 반복을 만드는 것이 중요하다. 자녀들이 가지고 있는 것 중 부모 마음에 들지 않은 기존의 생활 방식을 비판하는 대신, 부모들이 새로운 삶의 모습을 보여 주어야 한다. 하나님을 주인으로 섬기는 가족 문화를 만드는 것이다. 문화는 아주 천천히, 조금씩 만들어지는 것임을 기억하며 인내해야 한다. 가정 예배를 세우는 시작점은 거룩한 삶을 사모하는 부모다. 부모가 먼저 하나님의 사랑을 마음에 채우고 하나님의 은혜를 입으로 고백하며 하나님의 말씀을 읽는 것이다. 새로운 문화는 작은 시도에서 시작된다.

1) 방법론보다 문화 만들기가 중요하다

신앙은 문화로 전해진다. 교육 이론으로 전해지지 않는다. 신앙은 지식이 아닌 전인격적인 경험과 확신이다. 우리는 방법론보다 거룩한 문화를 만드는 데 집중해야 한다. 교회와 가정에 신앙을 전수하는 문화를 만드는 것이다. 변하는 세상에 변하지 않는 복음을 전하는 것은 긴 안목을 요구한다.

쉐마의 목적도 '거룩한 문화'를 만드는 것이었다. '부모는 들으라'가 아닌 '이스라엘아 들으라'라는 명령에는 이스라엘의 공동체적 책임이 들어있다. 단순한 교육 방법론이 아니다. 쉐마는 이스라엘 백성에게 요구되는 구별된 삶의 형태요 문화다.[10] 모세는 부모가 먼저 말씀을 마음에 먼저 새겨야 자녀에게 가르칠 수 있음을 분명히 한다. 신앙은 교육이 아닌, 부모의 진실한 삶으로 전해지기 때문이다.

신명기 6장 7절은 '강론'보다 '때'를 강조하고 있다. 방법보다 시간이 중요하다. 가족이 함께하는 다양한 순간에 하나님이 주신 기회를 붙잡는 것이다. 일상의 작은 순간에 감사와 간증을 찾아내 가족이 함께 이야기하는 영적 경험을 만드는 것이다. 언제나 하나님을 인식하고 그 은혜를 공유하는 가족 문화를 만드는 것이 산 신앙 교육 전략이다.

이런 관점에서 신명기 6장 8절과 9절은 언제나 하나님을 인식하는 환경을 만들라는 명령으로 이해할 수 있다. 손목과 미간, 문설주와 바깥문에 말씀을 기록해 하나님 중심의 가정 문화를 만드는 것이다. 신앙과 삶이 분리될 수 없듯이 신앙 전수도 일상과 분리될 수 없기 때문이다. 하나님께서 명령하신 신앙 전수는 문화를 만드는 것이었다.

2) 디모데를 키워낸 거룩한 가정 문화

디모데의 신앙 형성에 대해 바울은 가정의 역할을 강조한다. 디모데의 거짓이 없는 믿음은 외조모 로이스와 어머니 유니게의 속에 있던 것(딤후 1:5)임을 알았기 때문이다. 여기서 바울이 디모데의 아버지는 언급하지 않는다. 유대인에게 신앙 전수의 사명은 아버지에게 주어졌다. 그런데 여기서 바울이 디모데의 아버지는 언급하지 않는다는 점은 특이하다. 유대인에게 신앙 전수의 사명은 아버지에게 주어졌기 때문이다. 바울은 의도적으로 디모데의 아버지를 언급하지 않고 있는 것이다. 아마도 이방인이었던 디모데의 아버지는(행 16:1) 신앙 전수에 관여하지 않았을 것이다.

제임스 S. 제퍼스(James S. Jeffers) 교수의 설명에 따르면, 초대교회 시기에 이방인 남편을 둔 유대계 기독교인 여성들의 삶은 힘겨웠다.

> 비록 일부 문헌에 부부간의 책임 분담이 암시되어 있지만, 1세기 문화에서 로마에 거주하던 유대계 기독교인 어머니들은 아마도 재정 지원, 자녀 교육 및 훈육과 같은, 당시 아버지들에게 일반적으로 부여되는 많은 임무를 공유했을 것이다. 파혼을 맞이했을 경우 이 여성들은 대체적으로 아이들을 책임져야 했고, 재혼하지 않을 경우에는 아이들에 대한 전적인 책임을 지게 되었다. 특별히 이방인과 결혼했을 경우, 기독교인 아내들은 신앙으로 인해 결혼 생활에 실질적인 문제를 겪기도 했다. 베드로전서는 초대 교회가 이러한 여성들에게 관련되어 있었음을 분명히 한다.[11]

디모데의 가정이 여기에 해당했다. 로이스와 유니게는 낮은 지위와

무거운 책임감에도 불구하고 가정에서 디모데에게 신앙을 전수한 것이다.[12] 더군다나 디모데는 유대 문화에서 성장한 것도 아니었다. 그는 이방인의 땅에서 이방인 아버지 아래서 이방의 문화를 접하며 성장했다. 결국, 디모데에게 신앙을 전수해 준 사람은 낮은 수준의 교육을 받았던 여자들, 로이스와 유니게였다.[13]

그럼에도 디모데는 바울을 만나기 전에 이미 "루스드라와 이고니온에 있는 형제들에게 칭찬받는 자"(행 16:2)로 성장해 있었다. 로이스와 유니게의 신앙 교육은 높은 수준이 아니었을 것임에도 불구하고 그들의 거짓이 없는 믿음이 디모데에게 전해진 것이다. 이는 뛰어난 성경 지식이나 교육 방법보다 중요한 것은 부모의 "거짓이 없는 믿음"(딤후 1:5)이라는 것을 증명한다. 로이스와 유니게의 믿음이 형성한 가정 문화가 디모데의 신앙을 만든 것이다.

그렇다면 디모데는 무엇을 배웠을까? 당시 여성들의 교육 수준은 매우 낮았다. 토라 Torah, 모세 오경 Pentateuch 또는 유대인의 전통과 같은 신앙 전승들을 읽고 암송하는 정도였을 것이다.[14] 하지만 디모데후서 3장 15절에 의하면, 이러한 유대교의 가르침들은 구원에 대한 지혜를 가지고 있었다. 비록 숨겨져 있을지라도, 바울은 이미 유대교의 가르침들을 복음의 진리로 재해석한 경험이 있었다(엡 3:1-13). 바울을 만난 디모데는 이전에 배운 유대교의 교훈을 새롭게 깨달았을 것이다. 유대인들의 전통적 학습 방법대로 단순한 지식 습득이 아닌, 경험적 학습을 통해 그 안에 숨겨진 진정한 의미를 발견했

을 것이다.[15]

  특별히 바울은 성경 자체의 능력을 강조한다. 디모데후서 3장 15~17절에 기록된 바울의 권면을 유의 깊게 살펴봐야 한다. 그는 성경은 능히 너로 하여금 그리스도 예수 안에 있는 믿음으로 말미암아 구원에 이르는 지혜가 있게 한다고 말한다(딤후 3:15). 누군가의 뛰어난 가르침이 아니다. 부모의 좋은 훈육 태도도 아니다. 그는 하나님의 감동으로 된 성경이 하나님의 사람으로 온전하게 하며 모든 선한 일을 행할 능력을 갖추게 한다고 말한다(딤후 3:16-17).
  성경 자체에 능력이 있다. 백 마디 잔소리보다 성경 한 구절이 사람을 변화시킬 수 있다. 그래서 성경 읽는 모습을 보여 주는 부모가 되는 것이 가장 좋은 훈육이다. 억지로 읽는 모습이 아닌 주의 말씀을 사모해 가까이하는 모습(시 119:97)을 보여 주는 것이다. 그 모습이 쌓여 가정 문화가 형성되었을 것이다. 문화는 규칙으로 만들 수 없다. 율법이 아닌 사랑의 복음이 가정 문화를 만든다.

3) 복음이 아니면 이유가 없다

  가정 문화를 만드는 방법은 '하나님을 사랑하는 것'이다. 가정의 관계 회복을 위해 다양한 사역을 하는 것은 좋지만 교회의 모든 사역의 유일한 목적은 제자를 세워 복음을 전하는 것이다. 다른 목적은 존재할 수 없다. 교회도 가정도 모두 복음을 위해 존재한다.

가정 사역은 복음에 집중해야 한다. 그렇지 않으면 가족의 행복을 위한 행사들로 퇴색될 수 있다. 존스Timothy Paul Jones는 "때로는 전문화된 프로그램이 더 쉬운 해결책인 것처럼 느껴질 수 있지만, 어떠한 교회 프로그램들도 부모가 매일의 삶을 통해 자녀들의 영혼을 조각하는 것 이상의 효과를 만들 수 없다."라고 말했다.[16] 따라서 가족 목회는 가족 친화적인 프로그램이 아닌, 부모와 자녀의 제자화 과정에 초점을 맞출 때 구현된다. 예수님이 개인이 아닌 교회 공동체에 대위 임령(마 28:18-20)을 주신 이유는 교회와 가정이 함께 복음을 전해야 하기 때문이다. 자녀도 복음을 전해야 하는 대상이다. 목회자는 부모와 함께 예루살렘부터 땅끝까지 복음을 전할 사명을 가진다(행 1:8).[17]

한국 교회가 가족 목회로 전환하는 방법은 기존의 어른 중심, 세대별 분리된 목회 구조를 가족 중심, 세대 통합적 목회 시스템으로 변경하는 것이다.[18] 이것은 교회 문화의 변화다. 조직 중심, 율법 중심의 문화를 복음 중심으로 바꾸는 작업이다. 복음은 용납과 사랑, 화평과 자유를 누리는 것이다. 이런 복음은 삶의 작은 순간들을 통해 표현된다.

중요한 것은 가정 사역의 목적은 더 많은 사람을 끌어모으기 위해서도, 교회 구성원들이 당면한 가정 문제를 해결하기 위해서도 아니라는 것이다. 교회가 건강한 가족을 세우는 목적은 오직 제자로 사는 다음 세대를 키워내기 위해서다.[19] 가정을 통해 성경이 말하는 수직적 복음 전파를 구현하는 것이며 부모가 자녀를 그리스도의 제자로 키워내는 것이 가족 목회의 유일한 목적이다.

그래서 어브레이 말퍼스Aubrey Malphurs는 그의 책 『Strategic Disciple Making 전략적 제자 만들기』에서 가족과 목회의 상관성에 대해 다음과 같이 말한다.

> 나는 부모가 가족을 돌보도록 돕는 것을 사명으로 가지고 있는 한 교회를 알고 있다. 이 교회의 목회자와 교회는 가족을 소중히 생각한다. 그래서 가족은 이 교회의 모든 가치와 사역에 영향을 미치는 가장 중요한 요소다. 사람들은 이 교회가 건강하고 성경적인 가족을 만드는데 도움이 되기 때문에 이 교회에 간다. 그런데 건강한 가정을 만드는 것은 교회의 사명이 될 수 없다. 물론 가정 회복은 좋은 것이지만, 교회의 본질적 사명은 제자를 만드는 것이기 때문이다. 가족을 중시하는 부모를 만드는 것이 교회의 목적이 아니다. 나는 가족을 목회하는 것은 제자 만들기의 일부라고 주장하지만, 이것은 단순히 부모와 그들의 자녀들을 목회에 포함시키는 것 이상을 의미한다.[20]

또한 브라이언 넬슨Bryan Nelson과 티모시 폴 존스Timothy Paul Jones도 가정 사역에서 복음의 중심성을 강조한다.

> 가정 사역은 유일한 답이 아니다. 그것은 교회의 문제들을 해결하지 않

는다. 그리고 사람들의 삶도 변화시키지 않을 것이다. 문제를 해결하고 사람들을 변화시키는 능력은 오직 복음에만 있다. 특정한 사역 모델이나 목회 기술, 프로그램이나 관행이 아니다. 오직 예수 그리스도의 복음만이 변화의 근원이다. 그래서 모든 개 교회들은 먼저 교회에서 복음이 어떻게 묘사되고, 제시되고, 실행되는지에 대해 고민해야 한다. 여기에는 지역 교회가 결혼과 육아에 관해 가르치는 방법과 그들이 가족을 격려함으로 목회하는 방법에 대한 고려가 포함된다. 건강한 가정이 목표가 아니다. 복음을 통해 경험한 하나님의 영광 외에 다른 것을 교회의 목표로 설정하는 것은 우상을 창조하는 것이다. 그래서 가정 사역을 우상으로 여기는 것은 가나안의 우상 숭배 신사들이나 고대 로마의 판테온과 같이 하나님께 가증한 것이다.[21]

가정 사역은 지상 대위 임령에 순종하기 위한 '하나의 방법'이지 '절대적인 방법'이 아니다. 사역의 목적은 오직 복음에만 있다.

이 관점은 매우 중요하다. 사역의 현장에는 변화의 본질인 복음 대신 가족 친화적인 프로그램들에 집중하게 만드는 위험이 존재하기 때문이다. 가정도 복음을 전하는 통로이기에 헛된 것에 시선을 빼앗기면 잘못된 결과를 만들 수 있다. 가정 사역을 교회에 적용하기 위해서는 먼저 오직 복음에 집중해야 한다. 복음이 아니면 사역의 이유가 없다.

4. 교회와 가정을 연결하라.

전도서 1장 9절에서 솔로몬은 "해 아래에는 새것이 없나니"라고 말한다. 가정 사역도 마찬가지다. 태초부터 하나님은 신앙 전수를 명령하셨다(창 1:28). 신앙 전수는 혼자 감당할 수 없고 아담과 하와가 서로를 도와야 가능한 것이었다. 교회의 신앙 전수도 동일하다. 부모 세대는 함께 다음 세대를 키워야 한다. 이런 의미에서 교회는 언제나 가정 사역을 진행했다. 시스템으로 규정할 필요가 없었다. 부모는 하나님께서 디자인하신 대로 살면 충분했다. 본래 가정은 교회에서 분리할 수 없도록 창조되었기 때문이다.[22] 신앙 전수도, 세대 통합 교육도 인위적인 방법론이 아니다. 하나님을 사랑하고 자녀를 사랑하는 부모들이 만드는 에너지 Energy가 시너지 Synergy를 발휘할 때 맺어지는 열매다. 교회와 가정의 시너자이즈는 말씀대로 사는 부모 세대를 통해 시작된다.

가정 사역은 교회와 가정에 자연스럽게 organically 축적된 '문화'다. 가족 친화적 프로그램이나 특정한 학교를 진행하는 것과는 다르다. 교회는 가정을 건강하게 세우고 가정은 교회를 섬기는 선순환 구조를 만드는 것이다. 이는 교회가 주도하는 장기적인 전략과 사역의 지속을 통해 교회와 가정을 동기화하는 것으로 이루어진다.

노스포인트교회 North Point Community Church in Alpharetta, GA의 개척

동역자이자 리싱크 그룹ReThink Group의 설립자인 레지 조이너Reggie Joiner는 교회와 가정의 협력을 이렇게 설명한다.

> 많은 경우 교회와 가정은 자녀들을 위해 최선을 다하려고 노력한다. 교회는 가족에게 영감을 주는 프로그램들로 가득하며 수많은 가족들은 정기적으로 지역 교회에 참여한다. 두 그룹 모두 어린이들의 신앙을 키우기 위해 동시에 열심히 노력하고 있지만, 문제는 그들이 동기화되어 작동하지 않는다는 것이다. 동시에 같은 일을 하는 것은 같은 전략으로 같은 일을 하는 것보다 효과적이지 않다. 창의적으로 두 환경을 동기화하면 단순한 빨간색 또는 노란색 이상의 결과인 오렌지색을 얻을 수 있다.[23]

교회와 가정의 시너자이즈는 새로운 사역을 시작하는 것이 아니다. 특별한 프로그램을 도입해야 하는 것도 아니다. 하나님께서 디자인하신 삶을 회복하는 것이다. 중요한 것은 장기적 관점에서 교회와 가정을 동기화하는 창의적 방법을 발견하는 것이다.

목회자는 이 사역의 시작점이다. 목회자의 의무는 부모가 복음을 따라 살도록 훈련해야 한다.[24] 신앙 전수의 핵심은 부모이지만, 부모 혼자서 감당하기에는 현실이 너무 버겁다. 그래서 부모의 역할 만큼 목회자의 역할도 중요하다. '부모가 가정에서 제자로 살도록 훈련하는 사역'을 감당해야 한다. 그러면 자녀도 제자로 살 수 있다. 신앙은 부모 세대의 삶에서 전해진다.

가정 사역은 가정에 관련된 학교나 세미나, 상담소를 운영하는 것이 아니다. 훨씬 더 광범위한 관점을 가져야 한다. 바로 교회와 가정에 복음적 문화를 만드는 것이다. 이는 '교회 같은 가정'과 '가정 같은 교회'의 역동성을 통한 시너지로 신앙 유산을 전수하는 것이다.

A. 교회 같은 가정

가정은 신앙 전수의 핵심이다. 가정에서 부모의 역할은 누구도, 무엇도 대체할 수 없다. 복음적 가정 문화를 만드는 것은 능동적이어야 한다. 문화가 형성되길 기다리면 안 된다. 하나님을 향한 사랑, 배우자와 자녀를 향한 적극적 사랑으로 가정을 채워야 한다. 가정에 복음적 문화를 형성하는 것은 부모의 의지적 사역이다.

'교회 같은 가정'은 무엇인가? 가정이 작은 교회가 되는 것이다. 하나님을 만나는 영적 공간으로 가정을 회복하는 것이다. 이를 위해 교회는 부모가 자녀와 함께 일상을 살아가며 자녀를 제자로 훈련하도록 부모를 준비 equipping 시켜야 한다. 부모의 역할을 강조하며 경건한 부모를 세우는 목회적 활동들이 여기에 해당한다. 부부 관계를 향상하거나 자녀 양육 방법을 가르치는 것, 가정 예배를 장려하는 것은 교회 같은 가정을 세우는 실제적인 방법이다.

그렇지만 가정은 교회와 완전히 같아질 수는 없다. 좋은 시설이나 전문 지식을 가진 목회자는 교회에만 존재한다. 목회자도 가정에서는 아빠, 엄마가 된다. 그래서 가정에서 신앙을 지식적으로 다루면 버거워진다. 가정에는 쉼과 즐거움이 필요하다. 가족을 율법적으로 대하면 서로 정죄하고 평가하게 된다. 이런 가정에서는 복음을 가르칠 수 없다. 복음은 복음적 문화에서 자연스럽게 습득되는 것이기 때문이다. 그래서 '교회 같은 가정'은 복음적 문화가 지배하는 가정이다.

1) 하나님을 사랑하는 가정 문화 만들기

복음적 문화는 무엇인가? 하나님 사랑, 이웃 사랑이 자연스러운 삶이다. 하나님을 사랑해 예배하는 가정을 세우는 것이다. "내가 너희를 사랑한 것 같이 너희도 서로 사랑하라(요 13:34)"는 예수님의 새 계명에 순종하는 것이다. 이런 가정은 실수를 지적하기보다 실수를 용납한다. 신앙 행위를 점검하기보다 부모가 먼저 그것을 즐거워하며 실천한다. 부모가 가정에서도 제자로 사는 것이다. 이처럼 복음에 능동적으로 순종하는 삶이 축적되어 자연스럽게 만들어지는 신앙 유산이 복음적 문화다.

흔히 '신앙 유산'이라고 말하면 고풍스러운 교회 건물이나 오래된 성경책, 역사적 신앙 위인의 출생지 등을 떠올린다. 이런 '유형의 신앙 유산'은 역사를 간직하고 있기 때문에 훌륭한 것들이다. 부모 세대는 유형적 신앙 유산을 관리하고 물려줄 책임이 있다. 손때 묻은 성경책, 눈물로 채운 신앙 일기, 아름다운 교회 건물, 신앙 위인의 이야기 등은 자녀 세대에게 하나님을 전해 주는 매우 강력한 도구다.

 하지만, 더 중요한 신앙 유산이 있다. 바로 '무형의 신앙 유산'이다. 교회 건물이 소중한 이유는 건물 자체의 값어치보다 그 건물에 쌓여 있는 기도의 시간, 예배의 기쁨, 아름다운 헌신 때문이다. 간절히 기도하던 어머니의 목소리, 말씀을 읽던 아버지의 뒷모습, 성경책에 남은 자녀의 낙서, 가족이 서로 감사를 나누며 사랑을 고백하던 가정 예배 시간은 값으로 따질 수 없다. 비록 눈에 보이지는 않지만, 이런 무형의 신앙 유산들은 신앙을 전해 주는 영적 경험이 되어 자녀들의 마음에 쌓인다. 그리고 하나님의 때에 믿음의 열매로 맺힌다.

 여기서 중요한 포인트가 있다. 문화는 매우 작은 것들로 만들어진다는 것이다. 겉으로 보이는 음악, 영화, 드라마 같은 것은 이런 보이지 않는 것들이 표출된 결과물일 뿐이다. 더욱 중요한 문화적 활동들은 생각과 신념, 말투와 표정 등 한 사람의 삶 전체에 녹아 있다. 가정에서도 따뜻한 말 한마디 건네는 것, 가족이 집을 나설 때 안아주고 돌아왔을 때 환대해주는 것, 식탁에 앉아 하루의 감사를 나누는 것 등 삶의 모든 순간에 문화가 만들어진다. 행위가 아닌 마음의 태도가 중요하다. 가정 예배를 열심히 드려도 자녀 교육을 위해 의도적, 율법적으로 한다면 부정적인 문화가 만들어진다. 표현된 문화 이면에 있는 세계관이 문화를 형성한다.

그래서 교회 같은 가정을 세우기 위해 가장 먼저 집중해야 하는 것은 부모의 영성이다. 가정에 복음적 문화를 만드는 것은 사랑의 관계이다. 율법적 규칙들을 세우기 전에 먼저 하나님을 사랑하는 부모가 되어야 한다. 하나님의 사랑과 용서를 마음 깊이 경험해야 자녀를 사랑하고 용서할 수 있다. 내 힘만으로는 자녀를 온전히 사랑할 수 없다. 자녀 양육은 죄인이 죄인을 키우는 것이기 때문이다.

가정 사역의 우선적인 초점은 부모에게 있다. 부모가 가정의 문화를 주도하기 때문이다. 문제는 가정에 돌아오면 마음이 풀어진다는 것이다. 밖에서는 철저하던 사람도 집에 들어오면 무장해제 된다. 쉬고 싶은 마음이 든다. 밖에서 에너지를 쏟고 집에 돌아왔기에 당연한 마음이다. 문제는 종교적 행위도 부담이 된다는 것이다. 믿음의 여부에 관계없이 종교적 의무를 강조하다 보면 함께 있는 것이 불편하고 서로 눈치를 봐야 하는 가족이 될 위험이 있다. 그러다 보면 서로가 적당한 거리를 두게 된다. 가정에서는 쉬어야 하므로 자연스레 적당한 타협점을 만든다. 가족 간의 거리두기는 오랜 시간이 지나면 고착된다. 같은 주소에 거주해도 따로 사는 가족이 될 수 있다.

율법적 행위를 신앙의 기준으로 삼으면 이런 오류에 빠진다. 아무리 대단한 일을 해도 사랑이 없으면 아무 소용이 없다(고전 13:1-3). 하나님을 사랑하는 것은 행위가 아니다. 하나님 안에서 쉼을 누리는 것이다. 가정은 안식의 공간이 되어야 한다. 제아무리 영적이라 하더라도 말씀과 기도가 의무가 되면 힘들어진다. 가정은 복음적 원리가 지배하는 관계가 되어야 한다. 바로 사랑과 용납이다.

율법적 의무들은 우선 내려놔야 한다. 율법이 앞서면 사랑이 식는다. 반대로 사랑이 회복되면 율법을 지키게 된다(요 14:15). 자녀에게 모범이 되어야 한다는 생각도 마찬가지다. 부모 스스로는 모범을 보여줄 능력이 없다. 종교적 행위로 자녀의 신앙을 인도하겠다는 것은 맹인이 맹인을 인도하는 것과 같다(마 15:14). 하나님은 사랑 없는 훈육을 요구하지 않으신다(엡 6:4).

대신, 부모가 먼저 하나님을 향한 사랑을 회복해야 한다. 교회는 부모가 예배에 집중할 수 있는 환경을 제공해야 한다. 자녀 교육이 예배보다 앞서면 안 된다. 건강한 교회는 건강한 목회자에게서 시작되듯, 건강한 가정은 건강한 부모에게서 시작되기 때문이다. 신앙 전수는 하나님을 사랑하는 부모에게서 시작된다. 사랑이 먼저다.

2) 사랑은 말씀에서 나온다

자녀에게 신앙을 물려주는 방법은 부모가 먼저 하나님의 말씀을 경험하는 것이다. 부모가 먼저 말씀의 은혜를 누려야 한다. 말씀 읽는 기쁨이 가정의 공기를 바꿀 수 있다. 찬양과 감사가 마음속에서 우러나오는 진심이 되어야 한다. 하나님을 향한 사랑이 가정의 분위기가 되는 것이다. 좋은 교육 기술이나 교재보다 중요한 것은 말씀을 사랑하는 것이다. 자녀와 함께 말씀을 읽지 못하는 이유는 시간이 없어서가 아니다. 체계적인 훈련이 없어서도 아니다. 진짜 문제는 말씀을 사랑하는 모습을 자녀에게 보여 주지 못한 것이다.

이런 관점에서 말씀 읽기는 개인적 신앙 훈련이 아니다. 가정을 말씀으로 채우는 거룩한 작업이다. 그래서 공적으로 해야 한다. 거실에서 말씀을 읽는 것이 좋다. 시간을 정하고 혼자서라도 말씀 읽는 문화를 만드는 것이 필요하다. 말씀을 사랑하는 부모의 모습을 자녀에게 지속해서 노출해야 한다. 그렇게 얼마의 시간이 지나면 자녀가 말씀을 읽으러 다가온다. 시간의 축적으로 만들어진 '말씀 읽는 가정 문화'는 자녀의 신앙을 형성한다.

미국 라이프웨이 LifeWay 출판사에서 2017년에 발간한 「Nothing Less」 Jana Magruder 는 이 주장을 증명한다. 가정에서 정기적인 성경 읽기는 신앙을 형성하는 가장 중요한 요소다.[25] 물론 이 책은 신앙 형성에 영향을 주는 다른 요소들도 제시한다. 하지만, 성경을 빼놓으면 모두 반쪽짜리일 뿐이다. 그 무엇도 성경을 대체할 수 없다. 하나님은 지금도 말씀으로 믿음의 사람을 키워내고 계신다. 하나님의 말씀은 지금도 "살아 있고 활력이 있어 좌우에 날 선 어떤 검보다도 예리하여 혼과 영과 및 관절과 골수를 찔러 쪼개기까지 하며 또 마음의 생각과 뜻을 판단"(히 4:12)하신다. 이 말씀에 자녀를 맡기는 것이 가장 좋은 신앙 교육이다.

그래서 신앙 전수는 말씀을 읽는 문화를 만드는 사역이다. 제임스 K. A. 스미스^{James K. A. Smith}는 "제자도는 정보^{information} 습득의 문제라기보다는 재형성^{reformation}의 문제라고 했다.[26] 가르침보다 중요한 것은 하나님을 사랑하는 부모의 신앙과 인격을 자녀들에게 보여주는 것이다. 부모가 자신을 가정에서의 신앙 교사로 인식한다면, 먼저 하나님을 사랑해야 한다. 그래야 자녀의 신앙을 형성^{form}할 수 있다.[27]

장기적 관점이 필요하다. 신앙을 전수하는 문화 만들기는 오랜 시간을 요구한다. 문화는 삶의 축적으로 형성되기 때문이다. 당장 변화가 보이지 않아도 말씀을 읽는데 시간을 투자해야 한다. 시간을 투자할 가치가 충분하다. 말씀을 사랑하는 가정들이 세워지고 그런 가정들이 모여 말씀을 사랑하는 교회 문화를 만드는 것은 신앙을 전수하는 최선의 방법이다. 지금, 가정과 교회에서 펼친 성경 한 구절은 다음 세대에게 신앙을 전하는 통로가 된다.

3) 서로를 용납하는 가정 문화 만들기

자녀에게 신앙을 물려주는 두 번째 방법으로 서로의 실수를 용납하는 문화를 만드는 것이다. 말씀을 읽는 이유는 하나님을 사랑하고 이웃을 사랑하기 위해서다. 그래서 우리에게 필요한 것은 율법적 말씀 읽기가 아니다. 말씀을 향한 사랑이 중요하다. 말씀을 통해 하나님의 사랑을 경험하면 서로를 용납할 수 있게 된다. 서로의 실수를 정죄하지 않고 품어 주게 된다. 복음이 우리를 용납해 주듯 서로를 용납하는 가정 문화를 만들어야 한다.

율법적 의무로 서로를 옥죄는 관계는 가정을 경직되게 만든다. 만약 종교 행위로 가득한 체크리스트를 채워야 하는 곳이 가정이라면 실수하면 벌을 받는 곳이 가정이라면, 사랑이라는 이름으로 행동을 제약하는 곳이 가정이라면, 오히려 신앙 전수의 걸림돌이 된다.

부부가 서로를 사랑으로 용납하는 가정, 자녀의 실수를 용납해 "가서 다시는 죄를 범하지 말라"(요 8:11)고 말하는 가정에 복음은 역사한다. 부모는 자녀에게 예수님의 사랑과 용납을 보여 주는 존재다. 그래서 부모가 먼저 죄인을 용납하신 예수님을 만나야 한다. 그래야 죄인을 용납할 수 있다. 남편도, 자녀도, 부모님도 모두 죄인이기에 예수님의 사랑이 없으면 사랑할 수 없다.

사랑은 하나님께로부터 온다. 인간의 내면에는 사랑할 힘이 없다. 하나님의 시각을 가져야 가족을 사랑으로 용납할 대상으로 바라볼 수 있다. 가족도 죄인임을 인정해야 헛된 기대를 내려놓을 수 있다.

교훈과 훈계는 필요하다. 하지만 이것 또한 사랑이 없으면 소용없다. 오히려 악영향을 만든다. 백 마디 말보다 성령께서 마음을 만지셔야 변화가 일어난다. 새로운 피조물은 "그리스도 안에" 있어야 하는 것이다(고후 5:17). 힘으로 표면적 행동 교정은 가능할지 몰라도 사람의 내면은 하나님의 손길로만 변화될 수 있다.

그래서 가정에서 부모가 해야 하는 역할은 자녀를 사랑으로 용납하는 것이다. 잘못을 알려주며 교훈과 훈계를 주는 것도 중요하지만, 그것이 정죄가 되지는 말아야 한다. 마음을 상하게 만드는 질책과 강압이 아닌, 성경으로 기준을 제시하며 사랑으로 자녀의 실수를 품어 줘야 한다는 의미다. 이를 통해 자녀가 복음을 경험할 기회를 제공해야 한다.

4) 탕부 하나님, 사랑과 용납

누가복음 15장 11절부터 32절에 등장하는 탕자 이야기는 복음적 자녀 양육의 힘을 보여 준다. 아직 살아있는 아버지에게 재산의 절반을 요구하는 둘째 아들은 뻔뻔했다. 아버지는 재산을 내어준다. 재산을 창기에게 탕진할 정도이니 착한 아들은 아니었을 것이다. 팀 켈러는 이 모습을 '탕부'라고 부른다.[28] 아들보다 더한 아버지라는 의미다. 재산을 다 날릴 줄 알았지만 내어준 것이다. 아버지는 아들을 사랑했기 때문이다.

얼마 지나지 않아 아들은 재산을 다 탕진했다. 예견된 결과일지도 모른다. 아버지를 떠난 아들에게는 괴로움만 남았다. 자신의 잘못에 피할 수 없는 흉년까지 들어서 최악의 상황까지 떨어졌다. 그를 보호해 줄 존재가 사라지자 비참해 졌다. 예수님은 "그가 돼지 먹는 쥐엄 열매로 배를 채우고자 하되 주는 자가 없는지라"(눅 15:16)라고 말한다. 공급자가 사라진 것이다. 그때 아들은 회심했다. "이에 스스로 돌이켜 이르되"(눅 15:17). 여기서 반전이 시작되었다.

아버지는 잃어버린 둘째 아들을 여전히 기다린다. 사랑하는 아들을 포기하지 않았다. 마침내 저 멀리서 아들의 모습을 발견한다. 아들에게 달려간다. 간절한 기다림이다. 아버지는 여전히 둘째 아들을 사랑하고 있다. 아버지의 살림을 창녀들과 함께 삼켜 버린 아들이지만, 아버지는 아들을 기다렸다. 아들을 정죄하기보다 사랑하는 아들이 처했을 힘겨운 상황을 생각하며 기다렸다. 그리고 마침내 달려가 안으며 용서한다.

중요한 것은 아들이 아버지의 집을 생각하고 회개했다는 것이다. 죄 많은 둘째 아들에게 아버지는 사랑의 존재였다. 수많은 장애물에도 불구하고 집에 돌아갈 용기를 낼 수 있었다. 그는 아버지의 성품을 믿었다.[29] 평소에 아버지가 보여준 사랑이 아들에게 회개할 용기를 준 것이다.

아버지는 아들에게 사랑을 주었다. 그래서 잃었던 아들을 얻었다. 여기에 사랑의 힘이 있다. 사랑은 결국 영혼을 살린다. 당장은 허랑방탕한 아들이어도 사랑을 받으면 결국 돌아온다. 그래서 부모에게 있어서 제일의 성품은 사랑이다. 사랑으로 용납하면 잃어버리지 않는다. 잃어도 다시 찾을 수 있다.

로마서 8장 32절에서 사도 바울은 매우 담대하게 선언한다. "자기 아들을 아끼지 아니하시고 우리 모든 사람을 위하여 내주신 이가 어지 그 아들과 함께 모든 것을 우리에게 주시지 아니하겠느냐" 어떻게 이런 고백을 할 수 있었을까? 그는 탕자였고 강력한 회심의 경험이 있었다. "죄인 중의 괴수"(딤전 1:15)인 자신을 용납하신 하나님을 만났다. 그래서 담대하게 회개하라 선언할 수 있었다. 사랑이 회심을 가능하게 만든다.

가정은 그 사랑을 보여 주는 곳이다. 부모는 자녀에게 내 편이 되어야 한다. 험한 세상을 버텨낼 따뜻한 보금자리가 되어야 한다. 신앙과 인격의 기준은 제시하지만, 자녀가 '부모님은 나를 미워한다'라고 느끼게 만들면 안 된다. 훈육의 목적은 정죄가 아닌 복음이다. 자책이 아닌 회심이다. 부모는 잘못을 인정하면 "일곱 번을 일흔 번까지라도"(마 18:22) 용서해야 한다. 가정은 용서받는 곳이다. 부모는 복음을 위해 자녀를 품는 사람이다.

'교회 같은 가정'은 이런 복음적 문화가 지배하는 가정이다. 하나님의 말씀이 역사하는 가정을 세우는 것이다. 부모는 하나님을 사랑하기에 말씀 앞에 선다. 그 말씀이 주는 은혜로 자녀를 사랑한다. 실수를 용납하고 연약함을 감싸준다. 탕부의 마음으로 탕자를 기다린다. 하나님께 자녀를 위탁하며 인내하며 기도한다. 율법이 아닌 복음으로 가정을 세워가는 것이다. 교회는 이런 가정과 부모를 세우기 위해 다양한 사역을 진행해야 한다. 부모를 가정에서도 제자로 살도록 만들어 '교회 같은 가정'을 세우는 것이다.

5) '교회 같은 가정'을 세우는 기초 사역들

가정에서 복음을 경험하는 구체적인 방법은 부모와 자녀의 깊은 인격적, 영적 관계를 통한 모델링이다. 가정 예배를 드리거나 가족 여행을 가는 것은 이런 영적 관계를 위한 수단일 뿐이다. 좋은 교육이 자녀를 제자로 만드는 것이 아니다. 자녀는 부모의 삶을 경험하며 직관적으로 믿음을 습득한다. 부모와 자녀는 함께 성장해가는 하나님의 자녀다.

이런 의미에서 자녀는 교육의 대상이기 이전에 부모를 바르게 살도록 만드는 영적 촉매제다. 그래서 부모와 자녀는 '영적 동역자'다. 부모는 자녀에게 영적 경험을 가능하게 만드는 환경을 제공하고 자녀는 부모를 끊임없이 자극하며 성숙하게 만든다. 즉, 부모와 자녀는 서로를 연단 하기 위한 하나님의 도구이다. 그러므로 부모와 자녀는 지속해서 소통해야 한다. 사랑의 관계 안에서 서로의 영적 성장을 위해 경험을 공유해야 한다.

이를 위해 벤 프루덴버그 Ben Freudenberg는 네 가지 지침을 제시한다.

(1) 믿음에 대해 어머니와 대화하기
(2) 믿음에 대해 아버지와 대화하기

(3) 가정 예배나 함께 기도하는 시간을 가지기
(4) 다른 사람들을 돕기 위한 가족의 프로젝트를 수행하기[30]

너무 당연하고 쉬운 것들이다. 문제는 너무 당연해서 현실에서 간과된다는 것이다. 머리로는 동의하지만, 실제 삶에서는 놓치기 쉬운 것들이다. 너무 기본이라고 생각하기 때문이다.

현대적 관점에서 『가정사역 페러다임 시프트』(생명의 말씀사. 2013)의 저자인 티모시 폴 존스는 발전된 형태의 네 가지 가족 활동들을 제시한다.

(1) 믿음의 대화 faith talk
(2) 믿음의 순간 faith walks
(3) 성숙에 대한 격려 faith process
(4) 영적 고아들을 섬기는 선교적 가족으로서의 삶[31]
    to become families in faith for spiritual orphans

여기서 '믿음의 대화'는 부모와 자녀 사이에 이루어지는 영적 대화다. 편안한 형식의 가정 예배라고 이해해도 좋다. '믿음의 순간'은 의도하지 않은 삶의 순간에 이루어지는 하나님에 대한 대화를 의미한다. 'Aha! Moments'나 'God Moments'라는 이름으로 불리기도 한다. 다음으로 '성숙에 대한 격려'는 한 사람의 성장에 있어서 기념비적인 순간들을 가족이 함께 축하하는 것이다. 다른 말로는 '영적 기념비 milestones'라고 부른다. 마지막으로 '영적 고아들을 섬기는 선교적 가족으로서의 삶'은 가정 사역이 궁극적으로 지향해야 하는 '복음을 증거하는 공동체적 삶'이다.[32]

프루덴버그와 존스의 지향점은 동일하다. 가족이 믿음 안에서 소통하며 선교적 가정이 되는 것이다. 이를 위해 가정의 일상에 영적인 활동을 문화로 만드는 것이다.

가정 사역은 새로운 것이 아니다.[33] 가정 사역은 하나님께서 디자인하신 가정의 원형, 교회 같은 가정으로 돌아가는 것에서 시작한다.

B. 가족 같은 교회

아이들은 문화를 흡수한다. 가르치지 않아도, 가르쳐 주고 싶지 않은 것도 문화를 통해 배우기에 가정 사역은 가정과 교회에 '성경적 문화를 만드는 것'이다. 문화는 주변과 영향을 주고받으며 형성되기 때문에 '가족 같은 교회'를 만들어야 한다. 교회와 가정 모두 중요하다. 한 쪽의 노력만으로는 부족하다. 하나님께서 만드신 가정과 교회는 함께 거룩한 문화와 신앙 유산을 만들어야 한다.

그동안 한국 교회는 좋은 교회 문화를 발전시켜왔다. 새벽기도나 통성기도, 교회에 대한 헌신, 주일 성수, 말씀 사랑, 기도원 영성 등은 오랜 시간을 걸쳐 만들어진 문화다. 이런 교회의 문화는 지금도 다음 세대에게 자연스럽게 전수되고 있다. 누군가 학문적으로 가르쳐주지 않아도 이전 세대의 모습을 보며 습득하는 것이다. 의도하지 않았어도 다음 세대는 문화를 통해 신앙을 배우고 있다.

  그러나 교회는 가정 문화에는 관심이 부족했다. 가정 문화를 목회 영역 밖으로 여겼다. 개인화된 사회를 사는 헌신적인 부모 아래서 성장한 젊은 부모는 스스로 성경적 가정 문화를 만들어 낼 능력이 부족하다. 교회가 주도적으로 각 가정의 문화를 만들도록 도와주어야 한다. 구체적인 전략이 필요하다. 가정을 목회의 영역에 두고 가정에 가치를 두는 밀레니엄 세대를 복음으로 이끌어야 한다. 행복한 가정은 믿음 안에서 가능하다는 것을 증명해야 한다.

  가정 문화를 만드는 사역은 새로운 교회 문화를 만드는 사역이기도 하다. 교회는 가정의 연합이기 때문에 가정 문화와 교회 문화는 분리될 수 없다. 가정의 문화가 모여 교회 문화를 형성한다. 교회 문화는 각 가정의 문화에 영향을 주므로 목회자는 이 두 가지 신적 기관 사이의 선순환 구조를 만들어야 한다. 세대와 세대를 연결하는 신앙 유산은 문화로 전해진다.

  그동안 가정 사역은 '교회 같은 가정'을 세우는 데 치중했다. 부모를 세우는 사역은 매우 중요하다. 그런데 부모를 세우는 것이 가정 사역의 전부는 아니다. 가정이 바르게 세워져도 혼자서는 연약하다. 교회가 영적 가족이 되어야 한다. 교회 공동체 안에 있는 다양한 가정이 서로 연결되고 세대와 세대가 연결되어 '그리스도의 한 몸(롬 12:4~5)', '가족 같은 교회'을 세워야 한다.

'가족 같은 교회'는 성도 수가 적어야 가능하거나 공동체 생활을 해야 하는 것이 아니다. '영적으로 하나 된 공동체를 만드는 것'이다. 교회 크기와 상관없이 서로에게 관심을 가지며 함께 살고 함께 자녀를 키우는 교회 문화를 세워야 한다. 교회 구성원들이 공동 운명체가 되는 것이다. 좋은 일이 있을 때 함께 기뻐하고 다른 사람의 아픔을 함께 아파하는 것이다. 가족 같은 교회는 이런 '영적 하나됨'을 추구한다. 서로의 이름을 알고 그의 삶을 공유할 수 있도록 교회가 소통의 통로가 될 수 있다.

이러한 통로를 만드는 것은 '목회자'의 역할이다. 부모를 제자로 세우는 것을 넘어서 각 가정이 교회 공동체로 하나 되게 만드는 것도 목회자의 사명이다. 부모가 각 가정을 책임지도록 만들고 그런 가정을 모아 복음적 교회 문화를 만드는 것이다. '교회 같은 가정'은 '가족 같은 교회'를 만들기 위한 기초 작업이다. 가정은 교회 안에서 '그리스도의 한 몸 (롬 12:4~5)'으로 연결되어야 한다.

1) 새로운 세대의 요구, 가족 같은 교회

'가족 같은 교회'를 세우는 사역은 30~40세대를 품는 방법이다. 2021년 3월 기준으로 1인 가구는 한국 인구의 39.5%에 달한다. 2인 가구(23.6%)까지 포함하면 50%가 넘는 가정이 2인 이하다.[34] 전통적 가족 모델은 이미 사라졌다. 이런 상황에서 초혼 나이가 높아지고 출산율 지표는 계속 악화하고 있으며 비혼주의, 딩크족, 동거 등으로 결혼을 대신할 수 있다고 주장한다.[35] 밀레니엄 세대는 결혼과 출산을 '자발적'으로 선택 또는 거부하고 있다.[36]

아이러니하게도 이런 현상은 밀레니엄 세대의 가정에 관한 관심을 강화했다. 결혼과 선택을 스스로 '선택'했기에 그에 따른 '책임'도 스스로 감수하는 것이다. 그래서 행복한 가정을 만들기 위해 가족에게 우선순위를 두는 현상이 발생하고 있다.[37] 이전 세대의 의무감 대신, 자신의 행복을 위해 가족을 대하는 것이다. 밀레니엄 세대의 개인주의가 결혼 이후에는 자기 가족을 가장 중요시하는 가족주의 Familism 로 변화하고 있다.

밀레니엄 세대의 가족주의를 보여주는 한 예는 남성들의 가사와 육아 참여 증가다. 이들은 바쁜 일상에도 불구하고 기성세대보다 더 많은 시간을 가족에게 투자한다. 기존에는 더 나은 아빠가 되기 위해 절대 포기할 수 없던 직업, 경력, 직위 및 근무 일정 등을 변경하거나 포기하는 '슈퍼 아빠들'[38]도 출현했다. 사회적, 경제적 불이익보다 가족과의 관계를 더 가치 있게 여기는 선택이 만든 현상이다. 여기에 비대면 예배가 확산하면서 주일 예배와 가족 시간을 모두 '선택'하려는 가정들이 증가한 상황이다. '역사상 가장 관계적인 세대'인 밀레니엄 세대는 부부 관계, 부모. 자녀 관계를 위해 엄청난 시간과 에너지를 투자하고 있다.[39] 그래서 밀레니엄 세대는 가정을 행복하게 만들고 자녀를 양육하는데 많은 관심을 기울인다.

교회는 이런 시대적 변화를 목회 기회로 활용해야 한다. 가정은 본래 신앙을 물려주는 핵심 기관(창 1:26-28, 신 6:4-9, 엡 6:4)이지 교회 사역의 걸림돌이 아니다. 새로운 시대에 교회는 가정을 신앙 공동체로 세우는 데 집중해야 한다.

스티브 라이트Steve Wright와 크리스 그레이브스Chris Graves의 교회와 가정의 관계에 대한 이해는 주목할 가치가 있다.

> 창세기에서 하나님은 첫 번째 신적 기관으로 가정을 창조하셨다. 그리고 하나님은 신약에 두 번째 신적 기관인 교회를 설립하셨다. 그럼 우리는 이 두 기관을 어떻게 대해야 하는가? 그들은 경쟁자인가? 하나는 더 이상 필요하지 않은가? 교회와 가정은 연합하여 제자를 훈련시켜야 한다. 가정은 교회와 동떨어진 상태에서 독자적으로 자녀를 교육하는 곳이 아니다. 가족과 교회는 하나님의 영광을 위해 기능하도록 설계되었기 때문에 서로 협력해야 한다.[40]

개인주의가 지배하는 포스트모던 시대에도 가정의 영향력은 줄어들지 않았다.[41] 오히려 포스트모더니즘의 자기중심적 문화는 가족이라는 테두리 안에서 부모와 자녀를 더욱 밀접하게 만들고 있다. 이것은 복음을 전할 기회다.

'가정 같은 교회'로 이끌어 "따뜻하고, 수용적이고, 지원적인 양육 방식"으로 자녀를 키우도록 도울 수 있다면 가족에 가치를 두는 세대가 복음으로 다가올 수 있다.[42] 교회 공동체가 가족이 서로 사랑하며 함께 살아가도록 만드는 교육과 훈련, 지원을 제공하는 이유는 복음을 전하기 위해서다.

2) '교회 같은 가정'을 세우는 '가족 같은 교회'

하나님은 가정과 교회를 만드셨다. 둘 중 하나만 강조할 수 없다. 가정과 교회는 선순환 구조가 되어야 한다. 교회는 가정을 세우고 가정은 교회를 섬기는 것이다. 즉, '가족 같은 교회'는 '교회 같은 가정'을 세우고 그렇게 세워진 '교회 같은 가정'이 모여 '가족 같은 교회'를 만드는 것이다. 교회와 가정은 공동 운명체다.

복음은 교육이 아닌, 사랑으로 전해지기 때문에 교회와 가정에 사랑을 채우는 데 집중해야 한다. 그렇게 창조되었기 때문에 개인주의가 득세하는 이 시대에도 자녀는 여전히 부모를 갈망한다. 부모를 모방하며 인격과 신앙을 형성한다. 오늘날 수많은 영상 매체가 시선을 빼앗으려 하지만, 아이들은 여전히 부모를 갈망한다. 부모의 사랑을 대신 채워줄 존재는 세상 어디에도 없다. 시대가 아무리 변해도 아이들에게 최고의 선물은 부모와 나누는 사랑의 관계다.

교회도, 가정도 사랑에 집중해야 한다. 사랑은 감정적인 관계를 넘어선 영적 관계를 의미한다. 인간적인 친밀함에 머물면 안 된다. 그리스도 안에서 서로의 약함을 품고 용납하며 하나님을 경험하도록 돕는 것이다.

싱크오렌지Think Orange의 저자인 레지 조이너Reggie Joiner는 이렇게 말한다.

> 만약 당신이 교회의 리더라면, 당신의 목회는 부모들에게 탁월한 양육 기술을 가르치는 것에 초점을 맞추지 않아야 한다. 만약 당신이 부모들에게 비현실적인 기대 [아이가 완전히 달라질 수 있다, 공부를 잘하는 아이로 만들 수 있다, 또는 아무런 갈등 없이 자녀를 양육할 수 있다는 등 세속적 관심에 초점을 둔 기대]를 설정하면, 당신은 부모를 낙담하게 만들고 어린이들은 환멸을 느끼게 만드는 환경을 조성 하는 것이다. 부모들이 그들의 역할을 자신의 자녀 또는 다른 사람에게 좋은 양육 기술을 발휘하는 것이 아니라고 이해하게 만드는 것이 중요하다. 성경적 부모의 역할은 자녀들에게 하나님의 사랑과 성품을 각인시키는 것이기 때문이다… 하나님께서는 지금도 가족을 통해 다음 세대에게 회복과 구속의 이야기를 전하고 계신다. 부모들은 "올바른, 결점이 없는, 좋은 양육 기술을 가진" 부모가 되어야만 자녀를 바르게 양육할 수 있다는 잘못된 생각을 버려야 한다. 부모의 역할을 하나님의 구원 사역보다 앞

세워서는 안 된다. 그 대신, 오늘 하나님이 당신의 마음에 주시는 감동을 따라 하나님의 사역에 협력함으로 자녀가 하나님의 은혜와 선하심 앞에 서도록 만들어야 한다.[43]

사랑은 '자신을 내어주는 것(엡 5:22~25)'이다. 가족은 인간적인 만족을 주고받는 관계가 아니라 서로의 부족함을 용납하고 채워주는 영적 관계이다. 켄다 크리시 딘Kenda Creasy Dean은 "믿음을 일깨우는 것은 정보가 아닌 욕망이다. 그리고 욕망을 일깨우는 것은 사람, 특히 하나님이 우리를 용납하신 것처럼, 무조건 우리를 용납하는 어떤 사람의 사랑이다."라고 했다.[44] 최고의 부모가 되어야 한다고, 최고의 자녀를 키우라고 말하는 것은 위험하다. 복음은 완벽함이 아닌, 연약함으로 전해지기 때문이다(고후 12:10). 그러므로 부모의 역할은 자신의 연약함을 인정하며 연약한 자녀를 품고 사랑하는 것이다. 티모시 폴 존스Timothy Paul Johnson는 이렇게 말한다.[45]

인류는 전적으로 타락했기 때문에 자녀들의 요구를 충족해 주거나 그들의 외부적 행동들을 개선하는 것은 좋은 양육 방법이 아니다. 최선의 양육과 훈련은 자녀들이 하늘 아버지의 친절함을 깨달아 그들의 죄의 깊이를 깨우치고 복음에 대한 필요성을 인식하도록 준비시키는 것이다.

부모는 하나님의 대리자로서 자녀들이 하늘 아버지를 향한 갈망을 깨닫게 만드는 존재다. 일시적인 행동 교정보다 복음으로 마음을 바꿔야 한다. 이를 위해서 부모는 인내와 사랑으로 자녀를 대해야 한다. 하늘 아버지의 대리자로서 하나님이 나를 사랑하신 것처럼 자녀를 대하는 것이다.

이를 위해 교회는 세대와 세대, 가정과 가정이 소통하는 공동체가 되어야 한다. 세대를 세분화하는 대신, 교회 공동체 안에서 다양한 세대가 서로의 신앙을 공유할 수 있는 환경을 의도적으로 창조하는 것이다.[46] 젊은 세대만, 노년 세대만 모이는 구조를 만드는 것은 위험하다. 당장은 좋아 보일지 몰라도 장기적인 관점에서는 신앙 유산을 포기하는 구조이기 때문이다. 세대 간 서로 부딪혀도 서로를 이해하기 위해 노력해야 한다. 교회는 가족이 서로를 향한 관심과 사랑을 갖도록 의도적인 문화를 만들어야 한다.[47] 교회와 가족은 함께 살도록 창조되었기 때문이다. '가족 같은 교회'는 다양한 세대가 함께 사는 교회다.

물론, 다양한 세대가 모이면 소통의 어려움이 발생한다. 한국 사회는 급격한 성장을 경험했기에 세대마다 가치관이 다르다. 하지만, 그것이 세대를 분리하는 이유가 될 수 없다. 소통하지 않으면 신앙 유산이 전해질 수 없다. '다른 세대(삿 2:10)'가 된다. 사사 시대 이스라엘 백성이 하나님을 떠나 우상을 숭배한 이유는 부모 세대가 여호와를 전해주지 않았기 때문이었다. 부딪히더라도 끊임없이 소통하며 신앙을 전해 주어야 한다. 교회를 각 세대에게 맞추면 다른 세대가 성장한다. 하나님께서 디자인하신 '가족 같은 교회'는 서로 다른 개인과 세대가 하나 되는 공동체다.

3) 소통은 진통으로 만들어진다

'소통은 무엇인가?' 많은 경우 소통을 대화로 규정한다. 시간을 내서 대화해야 소통이라고 생각한다. 그러나 진정한 소통은 말이나 형식을 뛰어넘은 것이다. 대화 시간을 많이 가진다고 소통이 이루어지지 않는다. 가족 시간도 마찬가지다. 가족이 시간을 더 많이 공유할수록 더 큰 상처가 생길 수도 있다. 세대 통합 예배도 같은 시간에 모여서 예배를 드리는 정도만을 의미하지 않는다. 소통은 인위적인 행사가 아니다. 소통은 마음을 나누는 사랑의 교감이다. 공유하는 시간이 적어도 진심은 표현할 수 있다. 서로를 이해하려는 마음여부에 따라 소통과 불통이 갈린다.

진통이 있더라도 소통을 멈추면 안된다. 서로의 마음을 살피며 자기 생각을 솔직하게 털어놓아야 한다. 진통을 성장을 위한 기회로 활용하는 것이다. 서로 소통할 때 가족 같은 교회가 된다. 진통을 넘어 용서하고 하나 되는 경험이 교회를 하나로 만든다. 오랜 시간 누적된 사랑을 공동체에 스며들기 때문이다. 그래서 가족 같은 교회가 되는 것은 숙성의 시간을 요구한다. 많은 예산은 없어도 가능하지만, 사랑의 인내는 필수다. 일상의 작은 순간을 활용해 서로 소통하는 시간을 지속해서 만들어야 한다. 레지 조이너는 이렇게 말한다.

정기적으로 학부모와 자녀를 함께 모으는 것은 오렌지 전략의 핵심 요소이지만, 이러한 종류의 가족 경험Family eXperiences, FX은 기존의 예산 계획을 바꿀 필요도 없고, 전문적인 전임 사역자를 고용할 필요도 없다. 가장 기본적인 수준의 가족 경험은 아무런 계획이 없어도 매일 일어나기 때문이다. 공원, 식당, 집, 그리고 학교에서 당신이 경험한 것들과 가족들을 연결하면 된다. 주변에 존재하는 좋은 환경들은 모두 교회와 가족이 자녀들에게 영향을 주는 환경을 조성하기 위해 전략적으로 사용될 수 있다.[48]

일상에 답이 있다. 가족 친화적인 프로그램들을 시행하는 핵심은 막대한 재정이나 좋은 프로그램이 아닌 '부모의 마음을 끌어내는 전략'이다. 교회가 가족을 위한 프로그램들을 하지 않는 것이 문제가 아니라 가족을 위한 프로그램들에 전략이 없다는 것이 문제다.[49] 장기적 관점에서 만들어진 전략이 중요하다. 문화는 조용한 변혁이다.

오늘날 교회는 온라인을 활용한 전략을 세워야 한다. 코로나19 팬데믹은 '온라인을 활용한 조용한 변화'를 가능하게 만들었다. 온라인에는 물질과 시간의 제약을 최소화하며 부모와 자녀에게 같은 경험을 제공하는 다양한 방법들이 존재한다. 톰 라이너Tom Riner와 그의 아들 제스 라이너Jess Riner는 이렇게 설명한다.

> 기술 변화의 속도는 [가족 관계 향상에 대한] 새로운 접근법을 매우 급속하게 일으킬 것이다. 제스(아들)와 톰(아버지) 간의 의사소통에 있어서 가장 매력적인 부분은 제스가 그의 부모에게 연락하고 싶어 하는 욕

망이다. 그는 종종 부모보다 먼저 의사소통을 시도한다. 밀레니엄 세대들이 문자 메시지, 이메일, 트위터, 스카이프 등을 통해 일주일에 몇 번씩 부모와 연락하는 것은 드문 일이 아니다. 제스는 이와 관련하여 전형적인 밀레니엄 세대다. 그는 관계를 중요시하며, 관계를 열어두고 활발하게 유지하기 위해 자신의 역할을 수행하기로 결심한다. 밀레니엄 세대에게 관계는 매우 중요하다.[50]

이전에는 막대한 비용과 시간이 들었던 것이 이제는 버튼 하나로 가능해졌다. 지구 반대편에 있어도 무료로 서로의 얼굴을 보며 대화할 수 있다. 밀레니엄 세대의 소통은 시간과 공간에 대한 제약도 의미도 없다.

한국의 밀레니엄 세대 역시 자신의 삶을 페이스북이나 인스타그램 또는 이와 유사한 소셜 네트워크 서비스SNS를 통해 공유하고 있다. 카카오톡 메시지와 영상통화는 멀리 떨어진 가족을 실시간으로 소통하게 했다.[51] 유튜브와 줌 등 다양한 영상 플랫폼은 팬데믹 고립의 시대에 새로운 소통 방법이 되었다. 이러한 의사소통 기술들은 부모와 자녀에게 물리적 제한을 극복하며 소통하는 '새로운 장소와 방법'을 제공하고 있다.

교회는 이런 변화를 소통의 통로로 활용해야 한다. 문명의 이기를 활용해 교회는 가정의 소통을 위한 명확한 프로그램과 전략, 반복되는 영향력 그리고 관련된 정보를 제공해야 한다.[52] 온라인과 오프라인은 모두 소통의 현장으로 만들어야 한다. 가정과 교회는 시간과 공간을 뛰어넘어 존재하는 '영적 가족 공동체'로 회복될 수 있다.

교회는 '가족 같은 교회'를 만들기 위해 다양한 문화적 도구들을 활용해야 한다. 가족이 서로 영적인 교제를 나누는 시간과 공간을 온/오프라인에 만드는 것이다. 복음적 문화는 이런 일상의 영적 경험이 축적되어 만들어지기 때문이다. 하나님의 역사는 조금씩 축적된 가정의 일상에서 만들어진다. 진통을 감내한 공동체는 '가족 같은 교회'가 된다. 다양한 세대가 서로를 이해하는 문화가 만들어지면 세상을 품는 '선교적 가정, 선교적 교회'가 될 수 있다.

4) 세상을 품는 선교적 가정을 세우는 교회

'가족 같은 교회'를 세워야 하는 목적은 선교적 가정을 세우는 것이다. 행복한 가정을 이루는 것이 아니다. 복음 전파 사명에 순종하는 것이다. 그래서 선교적 가정들로 이루어진 선교적 교회는 가정 사역이 지향하는 목표이다.

여기서 '선교적 가정'이라는 말은 일상을 선교적으로 사는 가정들을 세우는 것이다. 믿지 않는 이웃을 품고 함께 기도하는 것이 시작이다. 가정 예배를 통해 선교적 가치관을 나누고 일상에서 복음을 전하도록 독려할 수도 있다. 자녀의 친구들을 초대해 맛있는 음식을 제공하는 것도, 가족 단위로 교제하는 것도 가능하다. 이런 가정들이 모이면 교회가 선교적인 공동체로 변한다. 복음을 전하기 위해 함께 사는 '가족 공동체'가 되는 것이다.

   교회는 태생부터 선교 지향적이다. 마태복음 28장 18절에서 교회는 "가라"는 명령으로 시작되었다. 성령은 초대 교회 성도들을 예루살렘과 온 유대와 사마리아와 땅끝까지 이르도록 이끄셨다(행 1:8). 그리고 복음은 계속 확장되어 "모든 믿는 자에게 구원을 주시는 하나님의 능력"이 되었다(롬 1:16). 교회는 언제나 선교했고 지금도 선교적 사명이 있다.
   가정 사역도 이 사명을 공유한다. 가정을 회복하는 목적은 지극히 선교적이다. 그래서 가정 사역은 교회의 가족 치유 프로그램이 아니다. 복음으로 회복된 가정이 세상을 품고 복음을 전하도록 이끄는 것이다. 가정 사역은 언제나 복음을 향해야 한다. 그렇지 않으면 금새 사람을 위한 사역으로 변질한다. '교회 같은 가정'을 세우는 것도, 이런 가정들이 모여 '가족 같은 교회'를 세우는 것도, 믿지 않는 자에게 복음 전파 사명을 위한 것이다.

실행과 지속

+

"가족 성장 프로세스Milestones"의 목적은 '한 사람의 성장에 동행하는 교회와 가정의 문화를 만드는 것'이다. 한두 번의 이벤트가 아닌, 각 가정의 일이 아닌 교회 공동체의 미래로 여기며 축복하는 문화를 만드는 것이다. 이런 문화가 형성되면 한 사람의 인생에 동행하는 교회 공동체가 될 수 있다.

3장
실행과 지속

　교회와 가정의 시너자이즈는 신앙을 전수하는 가정 문화와 교회 문화를 만드는 것이다. 이는 새로운 목회 패러다임을 세우는 과정을 요구한다. 그런데 여기서 한 가지를 염두에 둬야 한다. 패러다임의 전환은 '모든 것의 변화인 동시에 아무것도 변하지 않는 것'이라는 사실이다. 아무리 좋은 패러다임도 급진성 때문에 지역 교회에 적용할 수 없다면 아무 소용이 없어서 급진적인 변화 대신, 목회의 본질 회복을 위한 자연스러운 변화가 중요하다. '목회자와 부모가 함께 다음 세대를 키워내는 교회와 가정의 문화를 만드는 것'은 조용하고 자연스러운 변화로 이루어져야 한다.

　특히 포스트모던의 영향으로 개인화된 세상에서 성장한 세대에게 신앙은 말로 배우는 것 to be learned 이 아니라 경험으로 획득하는 것 to catch이다. 더군다나 온라인은 모든 것을 경험하는 세상을 만들어 시간과 공간의 한계를 허물고 있다. 이런 세상에서 신앙 교육도 '가족이 함께 제자로 성장해가는 과정'을 함께 경험하는 것 to experience 으로 변화되어야 한다. 교회에서 진행하던 나이별, 세대 분리 교육은 한계에 직면했다. 신앙 전수를 위한 수직적 영적 경험이 필요하다. 교회와 가정의 공동체적 삶이 축적된 문화를 만들어야 한다.

이것은 본질적인 사역이고 성경의 원형을 회복하는 것이다. 성경이 말하는 가정과 교회의 원형으로 돌아가야 한다. 가정 예배를 드리는 것, 한 아이를 함께 키우는 교회를 세우는 것 그리고 가족이 함께 영적 경험을 하는 것은 교회와 가정을 향한 하나님의 본래 계획을 회복하기 위해서다. 거창한 행사를 해야 하는 것은 아니다. 작고 기본적인 것을 반복하는 것이 중요하다.

가정 예배 Family Worship, 마일스톤 Milestones, 가족 경험 Family Experiences 사역이 그 방법이다. 각 교회와 가정의 상황에 따라 세부적인 내용이 달라질 수 있지만 이 세 가지 틀은 교회와 가정의 시너자이즈를 만드는 데 유용하다. 여기서는 이 세 가지 사역을 설명할 것이다. 각 교회에 맞게 원리를 적용할 수 있다.

5. 가정 예배 & 믿음의 순간 Family Worship & Aha! Moments

   가정 예배는 가정에서 예배드리는 것이다. 형식적 예배도, 모임 개념도, 시간 개념도 아니다. 어린 자녀가 있을 때만 가능한 것도 아니고 가족이 다 모여야만 할 수 있는 것도 아니다. 가정 예배는 그저 가정에서 드리는 예배일 뿐이다. 혼자 있더라도 집에서 하나님께 말씀과 기도, 찬양을 올려드리면 가정 예배가 된다. 그래서 가정 예배는 공간 개념으로 이해해야 한다. 하나님과 약속한 시각에 우리 집을 예배의 장소로 세우는 것이다.

   한국 교회 안에는 가정 예배에 대한 부정적인 인식이 존재한다. 권위적인 분위기 속에서 억지로 참석했던 기억이 남아있다. 어린 시절 가정 예배에서 받았던 상처를 호소하는 경우도 많다. 그래서 막상 가정 예배를 시도하면 막막함이나 두려움을 느낀다. 가정 예배는 해야 하지만 하기 어려운 것이 되기 쉽다. 그렇게 시간이 흐르면 가정 예배는 신기루 같이 된다. 교회는 이 오해를 해소하는 사역을 해야 한다.

   하나님은 가정을 예배 공동체로 만드셨다. 부모와 자녀가 함께 하나님에 대해 이야기하며 서로 사랑을 나누는 것이다. 그래서 가정 예배는 가정의 원형을 회복하는 작업이다. 이를 위해서는 가정 예배가 자연스러운 시간이 되어야 한다. 인위적인 순서의 연속이 되면

[가정예배훈련]

안 된다. 신앙 교육의 수단으로 활용해도 안 된다. 예배 이외에 다른 목적이 들어가면 예배가 아니다. 부모와 자녀에게 부담되는 시간으로 전락할 뿐이다. 가정 예배는 그저 사랑하는 가족이 서로의 삶을 간증하고 하나님을 찬양하는 시간이 되어야 한다.

이런 의미에서 가정 예배는 가정에서 하나님을 예배하는 시간일 뿐이다. 복잡한 순서나 준비가 필요 없다. 찬양, 말씀, 감사, 기도면 충분하다. 사람을 변화시키는 것은 교육이 아닌 복음이기에 성경 지식을 전하는 것보다 하나님을 경험하는 것에 초점을 맞춰야 한다. 사람을 변화시키는 힘은 좋은 교육이 아니라 복음에 대한에서 나온다. 그래서 가정 예배의 목적은 가족이 함께 영적 경험을 하는 것이다.

성경을 가지고 함께 가정 예배를 드리며 목소리와 표정, 눈빛과 행동 하나하나를 통해 하나님을 느낄 수 있다. 글씨를 읽지 못하는 아이도 부모의 손가락이 가리킨 성경의 글자들로 하나님을 경험할 수 있다. 부모님의 따스한 품에 안겨 들었던 기도 소리는 아이의 평생을 지탱하는 힘이 된다. 중요한 것은 부모의 진심이다. 하나님을 향한 부모의 사랑이 가정 예배라는 경험을 통해 아이에게 전해지는 것이다. 이런 영적 경험을 통해 말씀이신 하나님을 경험할 수 있다(요 1:14). 그래서 예배하는 가정은 소망이 있다.

1) 가정 예배의 원칙

　가정 예배는 쉽고, 짧고, 즐거워야 한다. 강요가 아닌 동참 하고 싶은 시간이 되어야 한다. 혼자서라도 찬양, 말씀, 기도 세 가지를 시작하는 것이다. 가정 예배 드리기 원하는 사람이 먼저 시작하면 된다. 자녀와 둘이 시작해도 좋고 부부가 함께해도 좋다. 어떤 모양이든지 시작하는 것이 중요하다.

　처음에는 외롭다. 그러나 포기하지 않으면 성령께서 가족들의 마음을 움직이신다. 먼저 시작한 사람이 온전히 예배드리는 것이 먼저다. 예배가 쌓이면 하나님께서 가정이 함께 예배하는 은혜를 주신다. 무언가를 가르치거나 배울 필요가 없이 하나님께만 초점을 맞추는 것이 중요하다. 가르치는 일은 성령께서 하신다(요 16:13). 우리는 그저 예배를 통해 하나님 안에서 쉼을 누리면 충분하다. 가족이 각자의 삶에서 경험한 하나님을 간증하고 서로를 향한 사랑을 표현하는 것이다. 가정 예배는 하나님을 경험하는 시간이다.

　하나님을 경험하기 위해 가정 예배의 형식은 얼마든지 바꿀 수 있다. 방법보다 목적이 중요하다. 실제로 각 가정마다 가정 예배 방법은 다를 수 있다. 100가정이 있다면 100개의 가정 예배 방식이 존재하는 것이다. 부모와 자녀의 성향에 따라 각 가정이 편한 방법을 발전시키면 된다.

2) 가정 예배의 다섯 가지 요소

　가정 예배는 준비하기, 찬양하기, 말씀읽기, 감사하기, 기도하기로 구성할 수 있다. 물론, 상황에 따라 순서를 바꾸거나 추가 또는 생략해도 무방하다. 중요한 것은 가족이 편안하게 느끼는 예배 방식을 찾는 것이다. 가정 예배를 지속하다 보면 성령 하나님께서 자연스럽게 디자인하실 것이다.

　찬양을 좋아하는 가족이라면 찬양을 2~3곡 불러도 좋다. 반대로 찬양을 생략할 수도 있다. 대화가 원활한 가족은 말씀읽기 후 대화하기를 넣어도 좋다. 찬양하기 후에 대표 기도를 해도 좋고 기도한 후에 축복하기를 넣어도 된다. 어떤 방식이든지 가족이 함께 은혜를 경험하는 것이 중요하다.

① 가정 예배 준비하기

　가정 예배는 한 사람이 결심할 때 시작된다. '오늘 가정 예배 시작합니다'라고 말할 때 현실이 된다. 의지적으로 선언해야 한다. 그래야 지속할 수 있다. 가정 예배를 얼마나 자주 하는지보다 중요한 것은 꾸준히 하는 것이다. 일주일에 한 번씩 몇 달을 지속하는 것이 좋다. 가정 예배 시간도 일정하게 정하는 것이 좋다. 물론, 현대인의 삶을 고려하면 특정 시간을 정하기는 어렵다. 그래서 '잠자기 전,' '저녁 먹기 전,' 또는 '토요일 저녁' 등 삶의 패턴에 맞춘 시간을 정하는 것이 좋다. 중요한 것은 지속과 반복이다. 문화는 오랜 기간의 반복을 통해 만들어지는 것이기 때문이다.

아이들이 어려서 가정 예배를 방해한다 해도 괜찮다. 가정 예배의 주체는 자녀가 아니라 부부 또는 각 개인이기 때문이다. 부모가 먼저 예배에 집중하는 것이 중요하다. 부모가 원칙을 정하고 지켜내는 모습을 보여 주어 가정 예배 문화를 만드는 것이다. 그렇게 예배하는 문화가 생기면 자녀는 자연스럽게 동참하게 된다.

② 찬양하기

가정 예배의 시작은 찬양을 부르는 것이 좋다. 가족이 함께할 수 있다면 찬송가도 좋고 어린이 찬양도 좋다. 목소리로만 찬양해도 좋고 악기를 사용해도 좋다. 찬양 반주를 틀어놓고 따라불러도 좋다. 찬양하며 춤을 추는 것도 좋다. 가족이 함께 하나님을 찬양하는 것이 중요하다. 가족이 함께 부르는 찬양은 가족의 정체성 형성에 효과적이다. '언어는 스스로 인지하지 못하는 사이에 사회적 정체성을 형성하는 시스템으로 작동하기 때문'이다.[53] 자신의 입으로 말하는 것은 무의식중에 신념으로 각인되는 것이다. 그래서 한 가족이 그리스도 안에서 하나 됨을 노래하는 것은 개인과 가족의 정체성을 강화하는 요소가 된다. 하나님의 이름을 찬양하는 것은 하나님의 이름을 각자의 심령에 새기는 작업이다.

③ 말씀읽기

찬양 후에는 말씀을 읽는다. 이때 어린아이들도 개역 개정 성경을 함께 읽는 것이 좋다. 첫째는 다른 번역 성경을 먼저 읽게 되면 아이들이 나중에 개역 개정 성경을 생소하게 여길 수 있다. 둘째는 개역 개정의 어려운 단어를 자녀가 질문하는 기회가 된다. 자연스럽게 대화를 이어갈 기회가 만들어지는 것이다. 마지막으로 성경을 깨우치는 것은 이성이 아니라 성령 하나님이시기 때문이다. 어떤 성경을 읽느냐 보다 중요한 것은 가족이 집중해서 성경을 읽는 것이다. 물론, 필요에 따라 다른 번역 성경을 사용할 수도 있다. 하지만 장기적 관점으로 접근하면 같은 성경을 함께 읽는 것이 유익하다.

가장 좋은 커리큘럼은 없다. 어느 가정이나 적용되는 방법론도 없다. 각 가정에 맞는 성경 읽기 스타일을 찾으면 된다. 교회에서 정한 성경 읽기 진도를 따라가거나[54] Q.T. 본문을 함께 읽는 것도 좋다. 그저 전날 읽었던 부분을 펴서 한 장씩 순서대로 함께 읽는 단순한 방법도 괜찮다.[55] '드라마 바이블을 활용한 공동체 성경 읽기Public Reading of Scriptures, P.R.S.'도 가족이 함께 성경을 읽는 좋은 방법이 될 수 있다.[56] 중요한 것은 성경을 함께 읽는다는 것이다. 이때 성경책을 한 권만 펴놓고 함께 읽는 것은 좋은 방법이다. 지금 읽고 있는 부분을 손가락으로 짚어주면 성경을 읽는 시간 자체가 부모와 함께하는 영적 경험이 되기 때문이다.

④ 감사하기

성경 읽기 후에는 설교 없이 곧바로 감사 제목 나누기로 넘어가는 것이 좋다. 부모가 가정 예배에서 설교하는 것은 장점보다 단점이 많다. 먼저는 부모가 설교를 준비하는 것은 부담이 되고 처음에는 의욕으로 감당해도 금세 힘들어질 수 있다. 설교 때문에 가정 예배를 주저하게 된다. 다음으로 부모의 설교는 잔소리 시간으로 변질할 위험이 크다. 교훈이라는 이름의 잔소리는 자녀를 가정 예배에서 밀어낸다. 마지막으로 이미 작성된 설교 문을 읽는 것도 한계가 있다. 금세 형식적인 시간이 된다. 그래서 설교보다는 서로의 감사 제목을 간단하게 나누는 것이 가정 예배를 은혜롭게 지속하는 데 도움이 된다.

설교가 없으면 아이들이 성경을 이해하지 못한다고 생각할 수 있다. 물론, 적절한 가르침은 필요하다. 하지만, 가정 예배는 무엇을 가르치는 시간이 아니라 하나님을 예배하는 시간이다.

도널드 휘트니 Donald S. Whitney 교수는 이렇게 이야기한다.[57]

> 사람들은 가정 예배를 드리려면 뭔가 공과나 묵상집을 준비해야 한다고 생각하지만 그렇지 않습니다. 어떨 때는 성경적 교훈을 전달하는 방편으로 특정 기사나 블로그 게시물 또는 설교 예화 같은 것들을 가족에게 나누고 싶을 수 있습니다. 좋습니다. 개인적으로 묵상한 유난히 은혜로운 통찰을 들려줄 수도 있습니다. 그것도 좋습니다. 그러나 그런 예외적인 경우를 제외하고는 가정 예배에 아무런 준비도 필요 없습니다. 누군가 찬송을 고르고 기도 방식을 정하기만 하면 됩니다. 그러고는 지난번에 읽다만 성경 본문을 펴서 읽고, 기도하고, 찬송하면 됩니다.

성경을 통해 말씀하시는 성령 하나님을 신뢰해야 한다. 부모의 가르침이 아닌, 성경을 읽을 때 직접 성령께서 가르치시길 기도해야 한다. 성경 지식을 가르치기 위해 부정적인 경험을 주는 것은 오히려 독이 된다. 가정 예배는 '무엇을 배웠다.'가 아닌, '가정 예배를 드렸다.'는 경험을 남기는 것이다.

지식이 아닌 경험이 남는다. 지식을 전하려다 가정 예배를 부담스럽게 만들면 안 된다. 더욱이 가정 예배를 시작하려는 가정은 설교는 안 하는 것이 더 좋다. 시간이 지나고 가정 예배 문화가 형성되면 조금씩 가르침이 가능해진다. 긴 안목을 가지고 가정 예배를 즐거워하는 것이 먼저다. 하나님을 향한 감사와 찬양으로 하나님을 사랑하고 서로를 사랑하는 시간으로 만드는 것이다.

어렸을 때부터 인터넷을 접한 Z세대(밀레니엄 세대의 자녀 세대)는 기존과 전혀 다른 방식으로 배운다. 사람과 사람의 만남으로 소통하던 기존 세대와는 달리 지금 세대는 정보와 사람 간의 만남으로 소통한다. 이들은 직접적인 가르침을 받는 대신 필요한 정보를 찾아서 학습하는 것에 더 익숙하다. 그 대표적인 예가 YouTube와 Facebook 같은 SNS 서비스다. 개별 사용자가 게시한 무수한 컨텐츠들이 쏟아지는 공간에서 자신이 원하는 정보만 골라내는 것에 익숙한 세대는 자신이 필요 없다고 생각하는 정보는 클릭조차 하지 않는다. 1초 혹은 2초 정도의 시간에 컨텐츠의 필요성을 판단하고 선택하는 이들에게 '가르침을 받는다.'는 것은 따분한 의무일 뿐이다. 이들은 정보를 배우지 않고 습득한다 Not be taught, but catch.

그래서 가정 예배에서는 설교가 아닌, 각자의 삶에서 감사 제목을 1~2가지씩 공유하는 것이 좋다. 힘든 상황에서도 고백하는 부모의 감사 제목은 자녀의 신앙에 큰 영향을 준다. 자녀는 부모의 감사를 보고 배우며 성장하고 감사의 제목으로 함께 기도하며 하나님의 은혜를 경험하기 때문이다. 부모가 드리는 일상의 감사는 자녀에게 설교보다 더 큰 영향을 준다.

⑤ 기도하기

찬양과 말씀을 마치면 가족이 함께 기도한다. 특별히 아이들에게 기도는 매우 강력한 영적 경험이다. 강해 보이는 엄마, 아빠가 누군가에게 도움을 청하는 경험은 하나님을 절대자로 각인시키기 때문이다. 그래서 기도는 하나님을 인식하게 만드는 직관적 교육이다. 기도하는 부모의 모습은 기도하는 자녀를 키운다.

기도의 방법은 자유롭다. 가족이 함께 손을 잡고 기도해도 좋고 자녀를 안고 기도해도 좋다. 너무 큰소리는 안 좋지만 적당한 소리를 내어 간절히 기도하는 것이 좋다. 마치는 기도는 자녀가 해도 괜찮다. 물론, 강요해서는 안 된다. "오늘은 누가 기도할까?" 물어보고 자원하면 허락해 줄 수 있다. 엉뚱한 내용으로 기도해도 괜찮다. 아이가 하나님께 기도한 것 자체로 놀라운 축복이다.

3) 가정 예배로 이루는 공동선 Common Good

유대인은 가정에서 '쩨데카צדקה, 공의'를 가르친다. 가정 예배는 그 현장이다. 가정 예배 시간에 구제금을 모아 필요한 이들에게 나누어 주는 일을 하나님의 파트너로서 '티쿤 올람תיקון עולם, 세상을 고치는 일'에 참여하는 것이라고 믿는다. 이런 공동선의 실천을 통해 유대인들은 자녀의 신앙과 인격의 성장을 이룬다.

오늘날 그리스도인들도 가정에서 공의를 가르쳐야 한다. 우리는 성경과 그리스도를 따라야 한다. 예수께서 '하나님을 사랑하고 네 이웃을 네 몸같이 사랑하라'(마 22:37~40)라고 말씀하셨기에 우리는 공공의 선을 실천해야 한다. 가정에서 예수님의 명령을 생각하고 함께 구체적인 실천을 감당하는 문화를 만들어야 한다.

가정 예배는 이와 같은 공동체적 삶을 시작하는 방법이다. 우선은 가정 예배로 모이는 것부터 이웃 사랑의 시작이다. 내 편의를 잠시 멈추고 가족을 위해 한자리에 모이는 것이기 때문이다. 함께 예배드리며 서로의 목소리를 듣고 반응해주는 시간을 통해 타인을 생각하는 삶이 시작된다. 가족에게 귀 기울이는 것이 자연스러워지면 세상에 귀 기울이는 그리스도인이 될 수 있다.

이러한 가정 문화가 만들어지면 이웃을 섬기는 가정이 될 수 있다. 가정 예배 시간을 통해 이웃을 위해 기도하고 구체적인 사랑을 실천하는 것이다. 가정 예배를 마칠 때 연약한 교회 성도를 위해 기도할 수 있다. 가족이 모두 아는 사람이라면 더 실제적이고 간절히 기도할 수 있다. 가족이 함께 섬기는 대상을 선정하는 것도 좋다. 고아원이나 양로원, 지역의 어려운 이웃이나 개척교회 등을 품고 기도하는 것이다. 그러다 보면 가족이 함께 섬길 사역이 보인다. 일이 아닌 가족의 마음을 쏟아 사랑할 수 있는 영혼을 만나게 된다. 가정 문화를 통해 실천하는 신앙이 형성되는 것이다.

교회는 가정 문화를 만들도록 목양할 수 있다. 이웃을 위한 섬김을 구체적으로 제시하고 가정에서 섬기도록 가이드를 제시하는 것이다. 어려운 이웃을 위한 러브박스 만들기, 나라와 민족을 위한 기도 제목 책자 만들기, 여름 농촌 전도 또는 가족 단위 단기선교 기획하기 등 가능한 사역은 무한하다. 교회의 사역을 '어른 중심'이 아닌, '가족 중심'으로 진행할 수 있도록 기획하고 아이들도 동참할 수 있도록 공간을 열어주면 된다. 이러한 목양을 통해 가족이 함께 이웃을 섬기면 행동하는 신앙이 자연스레 전해지게 된다.

4) 깨달음의 순간 Aha! Moments

위에서 설명한 가정 예배의 다섯 가지 요소는 정기적인 예배를 위한 것이다. 가정예배가 모든 요소를 갖춰야 하는 것은 아니지만, 각 가정에서 자유롭게 활용할 수 있는 기준이 된다. 그런데 여기서 한 가지 생각해야 하는 것이 있다. 가정 예배는 집에 모여서 정기적으로 드리는 예배에 국한되지 않는다는 사실이다. 가족이 함께하는 모든 순간이 예배가 될 수 있다. 하나님은 우리가 언제 어디서나 예배자로 살기 원하신다.

가정 예배의 확장은 믿음의 대화Faith talks와 믿음의 순간Faith Moments의 관계로 설명할 수 있다. 먼저 믿음의 대화는 정기적인 가정 예배와 유사하다. 일주일에 한 번씩 부모와 자녀가 하나님의 말씀을 공유하며 가족의 신앙 유산을 만드는 시간이기 때문이다.[58] 이를 위해 믿음의 대화는 가족 구성원들이 함께 행동함으로 어떠한 존재들이 되어, 함께 생각하고, 함께 듣는 것을 추구한다. 부모가 자녀에게 성경 지식을 가르치고 훈계하는 것[59]보다 말씀에 순종하는 공동체적 삶을 강조하는 것이다.

이와 같은 행동 중심적 특성으로 인해 믿음의 대화는 부모의 모범과 선교적 삶을 강조한다.[60] 이에 대해 브라이언 헤인스Brian Haynes는 "당신의 자녀들이 당신의 삶 속에서 이루어지는 그리스도의 사역을 목격하게 하고, 그들에게 당신의 이야기를 들려주라"라고 권면한다.[61] 부모의 경건한 삶이 없이는 모델링은 불가능하고 믿음의 대화가 없이는 자녀들이 부모의 삶을 목격할 수 없다.

그래서 믿음의 대화는 자녀들의 내면에 그리스도를 닮은 삶을 갈망하게 만드는 것이 목적이다. 부모와의 대화를 통해 그리스도인의 삶을 직관적으로 배우게 만드는 것이다. 이에 대해 제임스 K. A. 스미스James K. A. Smith는 삶의 모든 순간과 장소에서 일어나는 가족의 공동체적인 순종은 자녀들에게 "하나님의 나라에 대한 열망을 배양하는 장소"로 작용한다고 설명한다.⁶² 부모가 자신의 삶을 통해 하나님 나라를 향한 믿음을 이야기하고 자녀들을 위해 어떻게 헌신하고 있는지 보여 주는 것은 자녀들이 참된 믿음을 갈망하는 이유가 되는 것이다. 그래서 정기적인 믿음의 대화는 자녀들의 마음에 제자의 삶을 갈망하게 만드는 첫 번째 방법이다.⁶³

믿음의 대화는 일상으로 확대된다. '삶의 모든 순간'이 가정 예배가 되는 것이다. 아침에 일어날 때 들려주는 기도, 밥을 차려주거나 같이 놀아주는 태도, 차 안에서 나누는 짧은 대화도 모두 가정 예배의 순간이 된다. 하나님은 우리 삶의 모든 순간을 활용해 자녀를 제자로 세우신다.

이것을 '믿음의 순간 Faith Moments'이라고 부른다. '매일의 삶에서 일어나는 대화를 통해 복음의 현존과 하나님의 섭리에 대한 어린이들의 관심을 일깨우는 것'이다.⁶⁴ 의도하지 않은 어느 순간 성령께서 개입하셔서 '아! 그렇구나!'라고 깨닫게 하시는 순간 Aha! Moments이 있다는 것이다. 브라이언 헤인즈는 '하나님의 순간 God Moments'이라는 용어를 사용하면서 '부모가 자녀에게 진리를 전할 수 있도록 하나님이 디자인해 부여하신 삶 속의 기회들이 있다'고 말한다.⁶⁵ 매트 챈들러 Matt Chandler와 아담 그리핀 Adam Griffin도 이것을 '가족 제자화 순간 Family Discipleship Moments'이라고 부르며 '복음 중심적 대화를 목표로 일상의 순간에 찾아오는 기회를 발견하고 확장하는 것'이라고 설명한다.⁶⁶ 자녀에게 복음을 전할 수 있도록 하나님께서 주시는 일상의 기회들을 포착하기 위해 부모는 자녀와 동행하는 것이다.

전통적인 유대인 교육에서도 하나님의 음성을 발견하고 해석하는 것을 강조한다.[67] 그래서 교사, 부모의 역할은 '단순히 좋은 질문을 하는 기술을 가르치는 대신, 텍스트에서 질문할 수 있는 가능성 question-ability을 분별하도록 학생들을 돕는 것'이라고 말한다.[68] 부모는 자녀들의 즉흥적인 질문들과 특별한 삶의 순간들을 통해 진리를 가르칠 기회들을 포착해야 한다는 것이다.

실제 삶에서 믿음의 순간을 만드는 상황과 주제는 매우 다양하다. 기대하지 않았던 질문들이나 때로는 어이없는 질문들이 하나님을 전하게 만든다. 믿음의 순간은 본질에서 매우 자연스럽기 때문에 계획하거나 프로그램화할 수 없다.[69]

미쉘 안토니 Michelle Anthony도 이렇게 설명한다.

> 쉐마 Shema는 자연스러운 삶의 흐름 속에서 가장 잘 일어난다. 자녀에게 하나님이 누구이신지 가르치는 것은 정해진 시간과 장소에서 '이제 내가 하나님의 위대한 신비를 가르쳐 줄께'라고 말할 때에만 일어나지 않는다는 의미이다. 물론 우리는 자녀들과 정기적인 가정 예배를 드려야 하지만, 일상에서 만나는 '깨달음의 순간'도 하나님을 전하는 비옥한 토양을 제공하는 것이다. 하나님이 친히 자녀들을 가르치고 계시기 때문이다. 그래서 자녀들의 일상에서 발생하는 모든 기회들은 우리 자녀

들이 하나님이 누구이신지 발견할 수 있는 기회들이다.[70]

믿음은 일상에서 가르치는 것이다. 하나님은 부모와 자녀가 함께하는 작은 순간들을 통해 신앙을 전할 기회로 만드신다.

어린아이들은 끊임없이 질문한다. "아빠, 하늘은 왜 파랗지?" "엄마, 구름 위에는 뭐가 있어?" "아빠, 아기는 어떻게 생겨?" "엄마, 죽는 게 뭐야?" 이런 질문들은 하나님에 대해 말해주라고 주신 기회의 순간들이다. 자녀가 가지고 있는 '호기심'은 그들에게 복음을 전하라고 주신 하나님의 절묘한 방법이다.

이런 질문에 대해 부모님은 하나님을 주어로 대답할 수 있다. 꼭 정답을 말해줄 필요는 없다. 자녀가 질문하는 이유는 답을 알기 위해서가 아니라 부모의 목소리를 듣고 싶어서다. 그저 자연에 관한 질문에는 하나님의 창조를 설명해 주면 되고, 관계나 안전에 관한 질문에는 하나님의 사랑에 대해 말해 주고, 삶과 죽음에 관한 질문에는 십자가와 부활에 대해 말해줄 수 있다. 잘 모르거나 대답하기 어려우면 "왜 그럴까? 너는 어떻게 생각해?"라고 물어봐도 된다. 성령님은 부모의 지적 능력이 아닌, 자녀를 대하는 표정과 목소리를 사용하시기 때문이다.

부모의 입을 통해 나오는 하나님 이야기가 중요하다. 목회자의 설교나 강의도 좋지만, 더 좋은 것은 부모님이 자신의 목소리로 하나님의 말씀을 들려주는 것이다. 복음은 좋은 설교 내용보다 부모와 자녀 사이에 '사랑'으로 전해지기 때문이다. 골로새서 3장 12~14절 말씀처럼 삶의 현장에서 예수님의 사랑으로 서로 용납하고 용서하는 것이 자녀에게 복음을 전하는 방법이다.

그래서 모든 삶의 순간마다 자녀를 사랑으로 용납하는 것이 '진정한 의미의 가정 예배'다. 자녀에게 복음을 전하는 것은 먼저 하나님을 사랑하는 부모가 되어 사는 것이다. 그러면 자녀의 질문에 사랑으로 대답할 수 있다. 탁월한 대답보다 중요한 것은 자녀를 진심으로 사랑하는 것이다. 그렇게 사랑하면 성령께서 복음을 깨닫게 하신다. 부모는 탁월한 교육자나 제자 훈련자가 아닌 자녀를 사랑하는 존재로 부름을 받았다. 그래서 가족이 서로 사랑하며 사는 모든 순간이 가정 예배다.

5) 가정 예배에 대한 오해 극복

가정 예배를 활성화하기 위해 극복해야 할 과제들이 있다. 기존에 형성된 가정 예배에 대한 오해가 많다. 그중에서 가장 큰 오해는 가정 예배를 '어린 자녀가 있는 가정을 위한 것'이라는 인식이다. 오랫동안 한국 교회는 가정 예배를 '예배' 보다는 '교육' 혹은 '훈육'을 위한 시간으로 활용했다. 하나님이 아닌 자녀에게 초점을 맞춘 것이다. 그러다 보니 자연스레 부모도, 자녀도 가정 예배를 부담스럽게 여기게 되었다. 가정 예배에 대한 오해와 거부감이 내재하였다. 이를 제거하는 것은 오랜 시간과 노력을 요구한다.

'가정 예배는 어린 자녀가 있는 가정만 할 수 있다.'라는 인식은 잘못된 것이다. 가정 예배는 특정한 가정만의 전유물이 아니라 모든 믿는 자가 해야 한다. 가정 예배라는 단어를 들으면 아빠, 엄마, 아이들이 함께 앉아있는 이미지를 떠올리면 안 된다. 혼자서라도 집에서 말씀 읽고 기도하면 그것이 가정 예배가 될 수 있다. 아니, 혼자이기에 더욱더 쉬운 것이 가정 예배일 수 있다. 다른 사람의 눈치를 보거나 시간을 맞출 필요 없이 혼자 시간을 정해 예배드리면 되기 때문이다. 혼자여도 괜찮다. 찬양을 부르거나 듣는 시간을 갖고 말씀을 읽은 후에 믿지 않는 가족을 위해 기도하는 시간을 가지면 충분하다. 그리고 하나님을 향한 감사의 고백을 기록할 수 있다. 그 기록은 자녀들에게 남겨질 귀중한 '신앙 유산'이 된다.

가정 예배의 원형은 부모의 예배였다. 하나님은 아담과 하와가 자녀를 낳기 전부터 교제하기 원하셨다(창 3:8). 자녀는 가정 예배의 조건이 아니다. 자녀가 동참하지 않아도 가정 예배는 드려야 한다. 부모가 가정 예배의 시작점이다. 이 인식이 가정 예배를 지속하게 만든다. 자녀가 동참하지 않아서 가정 예배를 못 드린다는 말은 잘못된 인식에 기인한 것이다. 처음부터 가정 예배에 적극적으로 동참하는 자녀는 희귀하다. 자녀는 예배하는 부모를 보며 조금씩 변화된다. 부모가 먼저 가정 예배를 지속하면 어느 순간 자녀가 동참하게 되는 것이다. 부모가 중요하다.

6) 가정 예배를 위한 교회의 역할

교회는 부모를 예배자로 세워야 한다. 교회에서만 아니라 가정에서도 예배하는 사람으로 세우는 것이다. 가정 예배를 지속해서 권면할 뿐만 아니라 교안을 제공하고 동역자 그룹을 만들어줄 수 있다. 정기적인 강의를 통해 방향성을 잡아주는 것도 중요하다. 교회는 부모를 깨워 가정에서도 제자로 살도록 목양해야 한다.

온라인 시대에는 가정 예배를 도울 다양한 가능성이 열렸다. 가정 예배를 인도하는 영상을 제작해 유튜브로 송출하거나 가정들이 동시에 줌Zoom에 접속해 가정 예배를 드릴 수도 있다. 목회자가 인터넷을 통해 가정의 거실로 들어가는 것이다. 시간과 공간의 제약을 넘어 새로운 사역이 가능해진 것이다.

방법은 다양하게 존재한다. 중요한 것은 목회자의 마음과 부모의 열정이다. 부모 세대가 의지를 가지고 가정 예배를 세우는 것이 중요하다. 하나님은 그 마음을 보시고 새로운 일을 행하신다. 교회는 가정을 세워야 한다. 예배하는 가정을 세우는 교회에 소망이 있다.

6. 마일스톤 Milestones[71]

자녀를 키우는 과정은 불안과의 싸움이다. 시간은 되돌릴 수 없다. 잘못된 결정으로 아이를 망치는 것은 아닌지, 더 좋은 기회를 제공하지 못하는 것은 아닌지, 부모의 역할을 잘 감당하고 있는지 불안하다. 그래서 사람들은 정보를 공유한다. 맘카페나 학부모 모임에 몰려든다. 당연히 신앙보다는 세상의 방식이 우세다. 경쟁 논리가 두려움을 만든다. 자녀 양육을 수학 공식처럼 만들어 투입과 산출을 제시한다. 요즘 같은 세상에 어떤 교육을 하지 않으면 나쁜 부모라고 말한다. 세상은 두려움으로 부모의 지갑을 연다.

믿음이 좋은 부모도 이런 이야기를 계속 들으면 약해진다. 아이가 성장해 경쟁이 치열해 질수록 흔들린다. 사랑하는 자녀이기에 믿음으로 키우고 싶지만, 세상의 소리는 너무 강력하다. 좋은 대학에 가고 높은 연봉을 받는 것을 보면 부러움이 밀려온다. 어느 날 문득 다들 달려가는데 나만 뒤처지고 있지는 않은지 불안해진다. 신앙과 성공 중 하나를 포기해야 할 것 같은 느낌이다. 신앙 교육에 대한 신념이 흔들리기도 한다. 주일에 학원을 보내기 시작하고 교회 봉사를 막는다. 두렵기 때문이다. 두려움에 빠지면 길을 잃어버리기 쉽다. 가정의 성장 과정을 보여 주는 지도가 필요하다.

가족 성장 프로세스 Milestone가 그 지도다. 지금 우리 가정이 어떤 단계에 있는지, 앞으로 어떤 과정을 겪을지 볼 수 있다. 한 치 앞도 모르는 인생길 자녀를 키우며 걸어가는 인생길에는 지도가 필요하다. 그리고 지도를 함께 보며 살아갈 동역자가 필요하다. 먼저 믿음의 길을 걸어간 누군가를 따라간다면 거짓된 소리를 분별할 수 있다. 세상이 주는 불안함은 공동체와 함께 이길 수 있다. 든든한 동행자가 있으면 모험은 여행이 된다.

1) 가족 성장 프로세스 Milestones란?

가족 성장 프로세스의 목적은 '한 사람의 성장에 동행하는 교회와 가정의 문화를 만드는 것'이다. 한두 번의 이벤트가 아닌, 각 가정의 일이 아닌 교회 공동체의 미래로 여기며 축복하는 문화를 만드는 것이다. 이런 문화가 형성되면 한 사람의 인생에 동행하는 교회 공동체가 될 수 있다.

이를 위해 한 아이의 성장 과정에 중요 순간들을 설정한다. 탄생, 교회 첫 출석, 백일, 돌, 유아세례, 유치원 입학, 초등학교 입학, 사춘기, 중학교 입학, 입교, 고등학교 입학과 졸업 등 삶의 다양한 순간을 교회가 함께 기념하는 것이다. 그리고 각 시기에 맞는 부모, 자녀 교육 또는 가족 프로그램 등을 진행한다.[72] 하나님께서 한 아이를 제자로 키우시는 과정에 부모 세대가 동행하는 것이다.

중요한 순간들을 설정하는 규칙은 없다. 교회의 상황에 따라 자유롭게 정하면 된다. 지금 어린아이를 키우고 있는 밀레니엄 세대의 고민에 교회가 관심을 기울이며 마음을 함께하는 것이다. 그러면 '교회가 내 고민에 관심을 기울이고 있다. 교회에 오면 해답을 찾을 수 있다.'라는 인식을 하게 된다. 비슷한 단계에 있는 가정이 서로 동역자가 될 수도 있고 먼저 이 단계를 경험한 선배들의 경험도 들을 수 있다. 교회에서 진행하는 부모 교육을 통해 도움을 받을 수도 있다.

예를 들어 초등학교에 입학하는 가정이 있다. 부모는 자녀의 학교생활과 신앙 교육에 관심이 높지만, 어떻게 해야 할지는 막연하다. 학교에서 만난 학부모는 세상의 이야기만 한다. 만날수록 불안한 마음이 커진다. 교회에서 만나는 또래 부모도 있지만, 자녀 교육 이야기는 선뜻 나누기 어렵다. 믿음 없는 사람처럼 보일까 봐 말을 아끼게 된다. 믿음이 너무 좋아서 따라가기 어려운 경우도 있다. 하나님께 맡겨야 한다는 것은 알지만 불안한 마음도 현실이다.

가족 성장 프로세스는 이런 상황에 있는 부모에게 도움을 준다. 부모는 초등학교 입학을 위해 진행하는 저학년 학부모 교실, 초등학교 입학을 위한 기도회 등에서 동역자들을 만날 수 있다. 교회에서 같은 학교끼리 그룹을 만들면 더 효과적이다. 전문 강사를 초빙해 초보 학부모 세미나 같은 행사를 열어도 좋다. 그리고 조만간 찾아올 사춘기를 대비하도록 실제적인 도움도 줄 수 있다. 장기적 관점을 가지고 가족 성장을 지원하는 시스템을 구축하는 것이다. 그래서 가정 예배가 가정 사역의 기초라면 가족 성장 프로세스는 뼈대 역할을 감당한다. 각 가정이 어떤 단계에 있으며 지금 단계에는 어떤 필요가 있는지 구조적으로 보여 주기 때문이다.

2) 가족 성장 프로세스Milestones의 예

미국에서 가족 성장 프로세스Milestones는 매우 많은 교회가 진행하고 있는 목회 시스템이다.[73] Milestones라는 단어는 본래 '성장 발달 단계'라는 의미이기에 '가정의 성장 발달 단계'라는 의미로 Family Milestones도 쉽게 받아들여졌다. 각 성장 단계마다 특징과 발달 과제가 있는 것처럼 가정도 시간을 통과해야 하는 과정이 있다는 의미이기 때문이다. 한 아이의 성장을 가족이 함께 축하하듯, 한 가정의 성장도 영적 가족인 교회가 함께 축하하는 것이다.

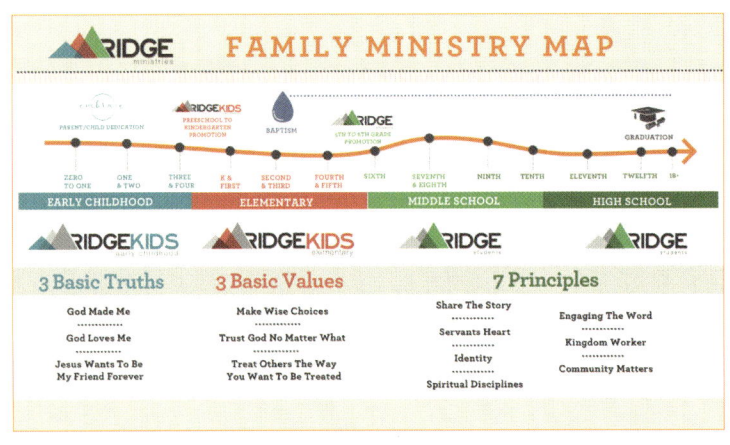

그림 1) 세다리지크리스천교회Cedar Ridge Christian Church 가족 성장 프로세스

교회마다 가족 성장 프로세스의 형태는 다르다. 더 빌리지 교회The Village Church in Flower Mount, TX는 열 가지로 구분했고 서전 커뮤니티 교회Sojourn Community Church Midtown in Louisville, KY는 두 가지만 기념한다. 가정에서 주도할 때도 있고 교회가 더 많은 역할을 감당할 때도 있다. 교회의 상황이 다르기 때문에 내용이나 구성도 다르다. 중요한 것은 '교회가 자녀 세대의 중요한 순간을 함께 기념하고 축복한다.'는 마음이다. 교회와 가정이 함께 다음 세대를 키우는 문화를 만드는 것이다.

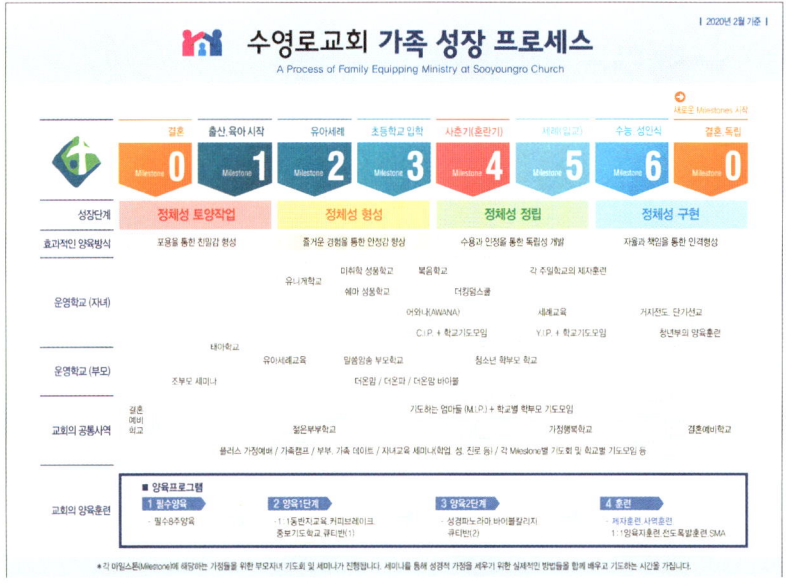

그림 2) 수영로 교회 가족 성장 프로세스

수영로교회의 경우 7단계로 구분했다. 그리고 각 단계에 필요한 부모교육, 자녀교육, 교회 사역을 배치했다. 새롭게 시작한 사역은 없다. 기존의 교회에서 진행하던 사역들을 전략적으로 배열한 것뿐이다. 부모는 도표를 보며 지금 자신의 가정이 어떤 단계에 있는지, 그 단계에 해당하는 학교와 프로그램은 무엇이 있는지 확인할 수 있다. 목회자는 이 도표를 보면서 부모에게 어떤 목양이 필요할지, 무엇을 준비하도록 도와야 할지 판단할 수 있다.

이 프로세스를 활용하기 위해서는 각 성장 단계별 특징을 이해하고 그에 맞는 교회와 가정의 협력을 추구해야 한다.

① Milestone_0: 결혼, 신혼기

결혼은 새로운 인생의 시작이다. 전혀 다른 두 사람이 만나 하나를 이루는 과정은 아름답지만 고된 여정이다. 특별히 하나님은 죄인 둘을 만나게 하셔서 서로를 연단하는 도구로 사용하신다. 그리스도의 장성한 분량에 이르기까지 부부가 함께 살도록 섭리하시는 것이다.

성경이 말하는 결혼은 하나님과의 언약이다. 세상은 결혼을 남녀 사이의 계약 관계로 여기는 문화가 확대되고 있지만, 결혼은 깨질 수 없는 고귀한 연합이다(마 19:6). 하지만 결혼을 아름답게 유지하는 것은 매우 어렵다. 죄인과 죄인이 만나면 서로의 죄를 지적하는 것이 당연하기 때문이다. 꿈처럼 시작한 결혼에 금세 생채기가 나고 그냥 방치하면 곪아버리는 경우가 비일비재하다. 그래서 교회가 성경적 결혼을 가르치며 부부가 서로 사랑하도록 훈련하는 것은 아름다운 가정을 지키는 데 필수적이다.

결혼 이후 신앙의 영역에 많은 관심이 필요하다. 청년 시절 열정적으로 신앙생활을 했음에도 결혼과 동시에 교회에서 사라져 버리는 젊은 부부는 매우 많다. 부부가 함께 열정을 쏟기에는 청년부와 교구 모두 멀게 느껴지기도 한다. 그래서 교회는 신혼기 부부를 적극적으로 품어야 한다.

아직 자녀가 없는 신혼기는 기성세대가 형성해놓은 공동체와 친밀도를 높이는 것이 관건이다. 결혼 관련 학교를 운영하고 소그룹으로 모일 수 있는 환경을 조성해 주어야 한다. 그래야 출산과 육아 기간에 교회에서 멀어지지 않는다. 결혼으로 어른이 되었기에 영적으로도 새로운 도전을 해야 하는 시기가 신혼기이다. 교회는 이 시기를 전략적으로 품어야 한다.

한편, 자녀를 결혼시킨 부모는 조부모가 되는 훈련을 해야 한다. 자녀를 정서적으로도 독립시킬 준비를 해야 한다. 실제로 자녀를 완전한 성인으로 대우하기는 쉽지 않다. 부모의 역할에 큰 변화가 요구되는 것이다. 그래서 교회는 신혼부부와 함께 조부모의 삶과 신앙도 목양의 영역에서 다루어야 한다.

② Milestone_1: 출산, 육아 시작

출산과 육아는 신혼 가정의 큰 전환점이다. 둘이 한 몸을 이루어 셋이 되는 신비한 경험은 그 무엇으로도 대체할 수 없는 하나님의 선물이다. 하나님은 한 생명을 잉태하고 출산하고 돌보는 과정을 통해 엄마, 아빠를 제자로 훈련하신다. 그리고 하나님 나라를 위한 새 생명을 통해 미래를 소망하게 만드신다.

아기는 가정의 모든 결정에 영향을 주며 부부의 삶을 송두리째 바꾼다. 세상에 처음 나온 아기는 절대 의존적 생명체이기 때문이다. 인생의 그 어느 순간보다 많은 손길이 필요하다. 먹이고, 씻기고, 재우고, 안아주고, 놀아주어야 한다. 아기는 언제나 사랑을 갈망하며 충분한 사랑을 받을 때 안정감을 느끼기 때문이다.

특별히 '잠'은 이 시기에 중요한 주제다. 잠투정하는 아기를 어르고 달래는 것도 부족해서 새벽에도 일어나 아기를 돌봐야 하는 부모는 녹초가 되기 쉽다. 그래서 부부의 신앙에도 큰 변화가 일어난다. 아기를 데리고 교회에 간다는 것은 매주 이사를 하는 것처럼 느껴지기도 한다. 아기 띠, 유모차, 기저귀, 분유, 이유식, 간식, 장난감, 여벌옷 등 챙겨야 할 것이 산더미다. 교회에 가도 예배에 집중하기 어렵다. 아기는 예배 중에도 밥을 요구하고 한순간 울음소리를 폭발해 버리기도 한다. 뜨겁게 주님을 사랑했던 시절은 추억이 되기 쉽다. 그래서 영아기 가정은 새로운 믿음의 결단과 주위의 도움이 간절히 필요한 시기다.

교회는 아기를 축복해야 한다. 그리고 실제적인 도움을 주어야 한다. 신생아 용품을 선물하는 정도를 넘어서 태교, 출산, 양육과 관련된 학교를 운영할 수 있다. 기도 그룹을 만들어 급격한 변화를 경험하는 엄마들을 지원할 수 있고 소그룹에서 출산한 가정을 챙기도록 도울 수도 있다. 조부모 모임을 만들어 다양한 교육을 진행할 수도 있다. 어떤 방법이든지 교회는 이 시기의 가정에 안정감을 주는 공동체가 될 수 있다.

③ Milestone_2: 유아세례

장로교 전통에서 유아세례는 하나님과 사람들 앞에서 자녀를 믿음으로 키우겠다고 서약하는 의식이다. 하나님은 유아세례 교육과 의식을 통해 부모가 자신의 책임을 깨닫고 말씀으로 자녀를 키우도록 다짐하게 만드시는 것이다. 그래서 유아세례는 부모와 아기 모두에게 매우 중요한 시기다. 교회는 유아세례를 통해 영유아를 키우며 힘들어하는 가정에 새 힘을 주어야 한다.

유아세례를 받는 36개월 미만 아기는 스스로 앉고, 일어서고, 걷는 것을 배우기 시작한다. 아직 은 부모에게 절대적으로 의존적인 존재이지만, 이 시기 아기들은 혼자 하려는 고집을 부린다. 그래서 부모는 아기가 자기 몸을 제어하는 법을 배우도록 기다려줘야 한다. 아기는 실수를 연발하며 집안을 어지르고 부모의 속을 태우지만, 다음 단계로 성장하기 위한 배움을 계속하고 있다. 실수를 용납하고 기다려주는 것이 중요하다.

36개월 이후 유아기 아이들은 창조적 예술가다. 이들은 상상과 현실을 구분하지 않기 때문에 세상 모든 것을 가지고 놀이를 한다. 스카프 하나를 걸치면 공주가 되고, 나무 막대기를 들면 전사가 되고, 작은 상자는 하늘을 나는 비행기가 된다. 그래서 이 시기 아이들에게 최고의 부모는 함께 상상하며 노는 부모다. 어린아이와 같이 되어 함께 웃을 수 있는 보석 같은 시기가 바로 이때다.

그러나 현실은 버겁다. 마음처럼 안 되는 아이 때문에 부모는 인격과 신앙의 밑바닥을 경험하기도 한다. 하나님은 자녀를 통해 부모 스스로 '죄인'인 것을 인정하게 하신다. 그래서 교회는 부모를 '신앙 회복을 향한 여정'으로 이끌어야 한다. 전쟁 같은 육아 초기를 보내고 있지만, 유아세례를 통해 개인의 영성을 회복하도록 지도하는 것이다. 적극적인 목양으로 교회가 육아 공동체로 도움을 주는 것이다.

오늘날 문화는 '아이를 낳으면 신앙생활은 어렵다.'라고 속인다. 그러나 이 시기에 더욱 은혜를 붙잡아야 가정이 산다. 부부가 서로를 격려하며 믿음으로 하나가 되어야 하는 시간이다. 무엇보다 가정을 위해, 자녀를 위해 기도해야 하는 시기다. 그래서 교회는 가정 예배를 강조하고 가정 관련 교육을 진행해야 한다. 부모가 자녀에게 과몰입되지 않도록 방지하는 것이다. 가족이 함께하는 이벤트를 만드는 것도 좋다. 어린 자녀를 데리고 혹은 떼어놓고 예배드릴 수 있도록 환경을 조성해 주는 것도 필요하다. 교회에 맞는 전략을 세우고 교회에서 떨어져 나가지 않도록 관심을 가져야 한다.

④ Milestone_3: 초등학교 입학

초등학교 입학은 공교육의 시작점이다. 이 시기 부모와 자녀는 조금씩 각자의 영역을 만들기 시작한다. 아이들은 정서적 독립을 시작하고 새로운 환경에 영향을 주고받으며 성장한다. 부모도 자신의 시간과 계획을 세우기 시작한다. 변화가 많은 시기, 부모와 자녀 모두에게 기도가 필요하다.

  초등학교에 입학할 시기 아이들은 완성된 문장을 구사할 수 있다. 어떤 아이들은 말하기를 좋아해 혼자 또는 친구와 쉴 새 없이 중얼거리기도 한다. 말도 안 되는 이야기에 깔깔거리며 웃기도 한다. 어른들이 보기에는 이해가 안 되는 행동을 할 때도 많다.

  가정에서 홀로 관심과 사랑을 받던 아이들이 접한 새로운 환경^{학교, 학원 등}은 그들만을 위해 존재하는 곳이 아니기 때문에 관심을 받기 위한 행동을 한다. 어른들 사이에 있던 한 아이가 아이들 사이에 위치하면서 본능적으로 행동하는 것이다. 어린이집이나 유치원에 다니는 것과는 전혀 다른, 공교육 환경에 놓인 아이는 그 어느 때보다 부모의 관심을 갈망한다. 교회는 부모가 자녀에게 관심과 용납을 하도록 교육과 지원을 해야 한다.

  특별히 초등학교 저학년 자녀를 둔 가정은 '즐거운 경험'이 필요하다. 정체성이 형성되는 시기에 부모가 제공해주는 안정감은 매우 중요하다. 특별히 '즐거운 경험'을 '교회 공동체'와 연결하는 것은 신앙 전수에 매우 유익하다. 아이들의 입에서 나오는 "교회에서 아빠(엄마)와 함께 00을 했어요!"라는 말은 이 시기 아이들의 신앙을 형성하는 토양이 된다. 무엇을 했는지는 보다 중요한 것은 부모님과 함께한 추억을 교회에 새기는 것이다.

교회는 부모와 자녀가 함께 영적 경험을 하도록 지원해야 한다. 특별히 가정 예배는 매우 중요한데 찬양, 말씀, 기도, 감사 제목 나누기 등 영적 경험을 촉진하는 요소들이 모두 포함되어 있기 때문이다. 이 외에도 가족이 함께 예배를 드리거나 봉사할 기회를 만드는 것, 가족 캠프나 소풍을 주최하는 것도 좋은 방법이다. 주일학교 단독의 행사가 아닌, 교회 공동체가 함께 어린 자녀들을 품는 전략을 수립하는 것이다.

⑤ Milestone_4: 사춘기

사춘기는 혼란의 시기다. 최근에는 초등학교 3, 4학년부터 사춘기가 시작되기에 부모는 일찍부터 사춘기를 준비해야 한다. 사춘기 자녀를 둔 부모는 갑작스러운 변화에 부적응 반응을 보이기 쉽다. 반면, 자녀는 자신의 변화를 인정해주지 않는 부모의 모습에 불만을 느끼기 쉽다. 그래서 깨어 기도하며 하나님의 도우심을 구해야 한다. 아이가 자신의 정체성을 찾아가면서 정서적인 독립을 이루는 이 시기는 신앙 성장에도 매우 민감하고 중요하다.

최근에는 이전보다 부모와 자녀 관계가 좋은 가정이 많다. 경제적으로 부요해진 영향도 있지만, 부모가 자녀와 소통에 익숙한 경우 사춘기를 크게 겪지 않고 넘어가는 경우도 있다. 하지만, 사춘기는 부모와 자녀 모두에게 눈물의 시간이 되기도 한다. 이 시기에 아이들은 호르몬이 폭발하고 언성이 높아진다. 비정상이 정상이 되기도 하고 당연한 것이 싸움의 실마리가 되기도 한다. 한 인격이 정체성을 찾아가는 여정은 매우 어렵다. 하지만, 폭풍 같은 시간이 지나면 훌쩍 성장한 자녀, 깊은 사랑으로 인내하는 부모가 된다.

부모는 부모의 자리에 버티고 서있어야 한다. 아이들은 부모를 밀어내도 흔들리지 않는 부모의 사랑을 증명해야 한다. 자녀가 그동안 쌓아온 신뢰를 무너뜨릴 때도 부모는 영원히 신뢰하는 존재로 남아야 한다. 부모의 사랑을 증명하는 것은 엄청난 인내를 요구한다.

특별히 친구 또래 집단는 사춘기 아이들에게 가장 큰 영향력이다. 아이들은 친구를 통해 자신의 정체성을 발견하고 정립한다. 최근에는 부모의 통제를 벗어난 인터넷 게임이나 SNS를 통해 서로 영향을 주고받는 경우가 급격하게 증가하고 있다. 그래서 이 시기 좋은 공동체, 좋은 사람들을 만나는 것은 매우 중요한데 가장 좋은 공동체는 교회와 가정이다.

교회와 가정이 '수용과 인정'을 제공하는 공동체가 되어야 한다. 이들의 변화를 인식하고 성인처럼 대우해 주어야 한다. 스스로 결정하고 행동하려고 한다면 그냥 두는 용기도 발휘해야 한다. 금지하는 것보다 실패하도록 놔두는 것이 더 좋다. 이때 인생의 좌절을 맛보고 자신의 연약함을 경험해야 하나님을 향한 믿음이 생긴다. 믿음의 공동체는 '도전을 허용하고 실패했을 때 품어주는 관계'가 되어야 한다.

이를 위해 교회는 부모 훈련을 진행해야 한다. 사춘기 자녀를 어떻게 대해야 할지 초등학교 3학년 이상 부모들에게 교육하는 것이다. 세미나, 강연, 소그룹 훈련 등 다양한 방법이 있다. 이전보다 시간적 여유가 생기는 시기이기에 부모들이 기도하도록 모임을 만드는 것도 유익하다. 가정 예배를 지속하며 함께 봉사하는 시간을 제공하는 것도 좋다. 사춘기를 함께 통과하는 공동체가 되면 부모와 다음 세대를 동시에 품을 수 있다.

⑥ Milestone_5: 세례(입교)

세례(입교)는 자신이 누구인지 선언하는 시간이다. 하나님 앞에서 자신의 정체성을 고백하는 것이다. 그래서 한 사람의 신앙 성장 중 이 단계는 매우 중요하다. 교회와 가정이 함께 사랑을 부어주어야 한다. 아무리 축하해도 부족하다. 이제 독립된 한 명의 그리스도인으로 살아갈 수 있도록 격려하는 문화를 만들어 주어야 한다. 그리스도의 장성한 분량까지 자라 갈 수 있도록 교회와 가정의 지원이 필요한 시기이다.

정체성은 세례(입교)를 통해 완성된다. 성경적 정체성은 창조주 하나님과 구속자 예수님, 보혜사 성령님을 인정할 때 세워지기 때문이다. 그래서 세례(입교) 교육은 깊이 있게 이루어질 필요가 있다. 단순히 몇 가지 성경 지식을 암기하는 정도가 아닌, 삶의 변화와 결단을 이끄는 교육이 필요하다. 입교는 유아 세례의 열매다. 하나님께 드렸던 부모의 약속이 성취된 순간이다. 이 시간을 교회가 함께 축복하며 다음 세대를 위해 기도할 수 있다.

전통적으로 세례(입교)를 받을 시기인 만 14세가 되면 신앙의 영역 이외에도 육체적, 정신적, 사회적 영역에서도 많은 변화를 경험한다. 그래서 부모는 세례(입교)를 기점으로 자녀의 내면을 돌봐줄 필요가 있다. 이들은 아직 부모의 돌봄이 필요한 시기이지만, 부모의 품을 벗어나고 싶은 본능이 있다. 넘치는 자신감으로 무엇이든 할 수 있다고 생각하는 이들의 의지를 꺾는 것은 갈등을 일으킬 뿐이다. 부모는 부모의 필요를 강요하기보다 자녀의 필요를 인정해 주며 변화를 도와야 한다.

이 시기 아이들은 이미 부모의 품을 떠날 준비를 한다. 자신의 결정 범위를 넓히려 한다. 그래서 대화가 안 되는 경우가 발생한다. 하지만 괜찮다. 이 시기의 자녀와 소통이 안 되는 것은 당연한 현상이다. 자녀가 스스로 결정하고 행동하기를 원한다는 것은 그들이 성인이 되어간다는 증거다. 자녀들이 원하는 것은 대화가 아니라 신뢰다.

교회는 세례(입교) 의식을 전략적으로 활용해야 한다. 세례(입교) 이후 청소년 시기는 독립을 준비하는 기간으로 활용하는 것이다. 교회는 부모와 자녀 모두 육체적, 정신적, 영적 독립을 준비하도록 도울 수 있다. 세례(입교) 교육을 성경 지식 교육이 아닌 인생에 대한 고민으로 바꾸는 것이다. 교역자가 주도하는 단회적, 형식적 교육이 아닌, 부모와 자녀가 서로를 향한 새로운 신뢰를 만들어가는 기간으로 만드는 것이다. 인생의 분기점을 교회가 공유하며 한 명의 청년을 키워낼 수 있다.

⑦ **Milestone_6: 수능, 성년의 날**

고등학교까지 정규 교육 과정을 마친 자녀는 한 명의 성인으로 인정받는다. 교회와 가정은 이 시점을 새로운 변곡점으로 활용해야 한다. 세상의 문화가 새로운 삶을 이끌지 않도록 믿음의 기도와 축복을 부어주어야 한다. 세상을 바꿀 예수 그리스도의 제자로 살도록 자녀를 이끄는 것이다.

한국 사회에서 자녀의 독립은 매우 늦은 나이에 이루어진다. 결혼하고 아이를 낳은 후에 부모님께 자녀를 맡기는 것은 일반화되었다. 결혼해도 부모님의 그늘에 머무는 '캥거루족'이라는 신조어가 등장하기도 했다. 스스로 삶을 개척하는 독립성이 사라진 세대가 등장했다.

하나님은 창세기 2장 24절에서 "이러므로 남자가 부모를 떠나 그의 아내와 합하여 둘이 한 몸을 이룰지로다"라고 말씀하셨다. 이는 결혼 이전부터 준비해야 하는 명령이다. 그래서 많은 문화에서 성인식을 중요시 여겨왔다. 세속 문화로 오염된 성인식 대신 교회는 기독교 가치관을 반영하는 새로운 성인식 문화를 세상에 제시해야 한다.

민법상 성인식 날짜는 만 19세가 된 이후 5월 셋째 월요일이다. 물론 이 시기가 지나도 자녀는 계속 용돈을 요구하지만, 부모는 그들이 성인이 되었음을 명확히 인식시켜 주어야 한다. 그리고 자녀가 온전한 성인으로 독립할 수 있도록 조금씩 간격을 만들어야 한다. 그들에게 독립성을 부여함과 동시에 성인의 책임과 의무를 각인시켜야 하는 시기가 성인식 이후다.

신앙 성장에서 청년 시기는 광야와 같다. 수능과 입시를 치른 자녀들은 다양한 상황에 직면하기 때문이다. 난관을 헤치고 대학에 입학하는 경우도 있지만, 쓰라린 절망을 경험하기도 한다. 청소년기를 보낸 학교를 졸업하고 새로운 출발을 하게 된다. 교회에서도 주일학교를 졸업하고 청년부로 소속을 옮긴다. 모든 삶의 환경이 급격히 변화하기에 신앙의 영역에서도 큰 전환기를 맞이하는 것은 어쩌면 당연한 현상이다. 남은 평생의 신앙을 결정하는 시기가 성인식 이후 신앙생활이다.

교회는 수능과 대입을 목양의 기회로 적극적으로 활용해야 한다. 연초부터 부모와 자녀를 위한 교육과 훈련을 진행해야 한다. 자녀들에게는 공부와 신앙을 함께할 수 있는 실제적인 방법을 제시해야 한다. 고3 학생들이 많은 시간을 들이지 않고 공동체를 경험하게 만드는 아이디어 온라인 Q.T. 모임, 기도 제목 공유 소그룹 등가 필요하다. 부모가 함께 기도하게 만들고 자녀에게 영적인 지원을 제공할 방법을 제시해야 한다. 동시에 자녀 양육을 마친 부부가 서로를 향한 사랑을 회복하도록 부부 관련 사역도 진행해야 한다. 다시 부부의 원형을 회복하는 것이다.

⑧ Milestone_0, 재시작: 결혼, 신혼기

결혼으로 시작한 부부는 시간이 지나면 자녀의 결혼을 마주한다. 한 세대를 키워낸 것이다. 교회는 이 시간을 동행한다. 한 가정이 경험하는 다양한 삶의 순간마다 인도자가 되어 주는 것이다. 교회는 가정을 돌보고 가정은 다음 세대를 키워낸다. 교회와 가정의 시너자이즈는 한 사람의 인생에 동행하는 것이다.

3) 가족 성장 프로세스 적용하기

가족 성장 프로세스는 교회마다 적용점이 다르다. 교회의 세대 구성을 고려해 각 교회에 맞는 전략을 세워야 한다. 방법도 다르다. 전체 계획을 제시하며 집중해서 사역을 끌어올려야 할 수도 있고, 1~2개 사역으로 시작한 후에 시간이 지나며 점진적으로 확장할 수도 있다. 한 사람을 함께 키우는 교회가 되도록 유기적 목양이 필요하다.

그럼에도 두 가지 중요한 원칙이 있다. 첫 번째는 '교회의 연간 계획에 반영되어야 한다.'는 것이다. 연초에 주요 절기나 성례 일정을 미리 정하는 것과 비슷하다. 교회는 각 단계를 언제 시행할 것인지 미리 공지해서 성도들을 준비시켜야 한다. 교회의 상황에 따라 유동적으로 적용할 수 있지만, 즉흥적인 사역보다는 교구와 주일학교가 시너지를 만들 수 있는 계획이 필요하다.

예를 들어 Milestone_2: 유아세례나 Milestone_5: 입교는 주일학교와 함께 준비할 수 있다. 유아세례를 위한 부모 교육에 딱딱한 교리 교육만 진행하는 대신, 축복과 교제를 추가할 수 있다. 함께 아이를 키워가는 젊은 부모가 서로 동역자가 되는 시간을 만드는 것이다. 사춘기를 통과하는 시기에 진행하는 입교도 부모 세미나 및 가족 캠프 등과 연계해 진행할 수 있다. 주일학교에서 아이들만 교육하는 방식 대신, 부모와 자녀가 그리스도 안에서 하나 되는 시간으로 기획하는 것이다. 지금도 교회에서 이런 방식으로 진행하고 있다면 긍정적이다. 그러나 구조화된 목회 시스템 안에 배치하면 더 전략적으로 접근할 수 있다.

특별히 Milestone_3: 초등학교 입학은 중요하다. 출산 이후 수년간 자녀 양육으로 교회와 멀어져 있던 젊은 부모를 품을 수 있는 기점이기 때문이다. 필요에 따라서는 '유치원 입학'으로 기간을 바꿀 수도 있다. 언제로 설정하든 중요한 것은 '교회가 자녀를 함께 키우고 있다'라는 인식signal을 심어주는 것이다. 이 시기 부모들의 관심은 자녀가 만날 새로운 환경에 있다. 1월 말에서 2월 초에 진행하면 가장 좋은데 입학 전에 아이들이 친밀해지도록 돕는 '학교별 캠프'를 진행하는 동시에 학부모가 되는 부모를 위한 세미나와 학교별 기도 모임을 구성할 수도 있는 시기이다. 이런 모임이 진행되면 주일학교와 교구를 초월해 '학교'를 중심으로 창의적인 사역을 발견할 수도 있다.

반면 Milestone_0: 결혼이나 Milestone_1: 출산, Milestone_4: 사춘기 등은 정해진 시기가 없다. 분기별이나 전반기, 후반기 1회씩 그룹을 모아서 진행할 수도 있고 필요할 때마다 수시로 진행할 수도 있다. 그저 목회자가 연간 계획을 세울 때 주일학교 사정이나 가족 경험 사역 Family Experiences 일정을 고려해 반영하면 된다. 예를 들어 출산을 축복하는 시간은 5월에 진행할 수 있다. 교회가 함께 한 생명의 탄생을 축하하는 의미에서 12월에 진행할 수도 있다. '부부 학교' 또는 '자녀교육 세미나'를 진행한다면 주일학교 수련회 기간도 좋다. 자녀를 떼어놓고 세미나에 집중할 수 있기 때문이다. 핵심은 교회가 가정을 세우는 사역을 목회 계획에 반영한다는 것이다.

다음 페이지의 그림 3은 이런 연간 계획의 한 예다. 매월 1회 셋째 주에 진행하는 온 가족 금요철야는 가족 경험 사역이다. 이 사역은 수양관에서 1박을 진행하기에 금요일 밤 혹은 토요일에 '가족 성장 프로세스'를 진행하는 방식을 설정했다. 가정 관련 학교나 다음 세대 사역 등과도 연계했다. 이런 연간 계획을 미리 공지하면 교회에는 가족 중심 문화가 형성된다. 교회에서 가정을 세우는 사역에 관심이 있다는 것이 가시화되기 때문이다. 각 가정도 따라가야 할 지도를 가지게 된다. 교회 공동체가 '우리 가정을 세우기 위해 함께 걸어가는 동반자'가 되는 것이다.

가정사역영역 2022년 연간 계획표

주간	사역내용	마일스톤	참고
1월1주			
1월2주			
1월3주	온가족 금철(21-22)		수양관 오픈시
1월4주	신혼 Date Night (28-29)	M-0	수양관 오픈시
1월5주			구정(31~2)
2월1주			
2월2주			
2월3주	온가족 금철 & 신학기 기도회 (18-19)	M-3	수양관 오픈시
2월4주			
3월1주			대선(9,수)
3월2주			
3월3주	온가족 금철 & 초보부모 캠프 (25-26)	M-1	수양관 오픈시
3월4주	젊은부부학교_1 (4.1~2)		
4월1주	결혼예비학교 (8~9)		
4월2주	부부학교 (15~16)		
4월3주	온가족 금철 & 젊은부부학교_2 (22~23)		
4월4주			
5월1주	남자 캠프 (4-5)	M-4	어린이날(5)
5월2주	여자 캠프 (8~9)	M-4	석탄일(9,월)
5월3주			
5월4주	온가족 금철 (20-21)		
5월5주			
6월1주			현충일(6,월)
6월2주			
6월3주	온가족 금철 & 신앙 Travel-입교(17-18)	M-5	
6월4주			

주간	사역내용	마일스톤	참고
7월1주			
7월2주			
7월3주	온가족 금철(21-22) 다음세대 여름캠프(?)		
7월4주			
7월5주			
8월1주			
8월2주	신혼 Date Night (14-15)	M-0	광복절(15,월)
8월3주	온가족 금철 & 다음세대 여름캠프(?)		
8월4주			
9월1주			
9월2주			추석(9~12)
9월3주	온가족 금철 & 초보부모 캠프 (23-24)	M-1	
9월4주	젊은부부학교_1 (30-10.1)		
10월1주	결혼예비학교 (7~8)		
10월2주	부부학교 (14~15)		
10월3주	온가족 금철 & 젊은부부학교_2 (21~22)		
10월4주			
10월5주	여자 캠프 (11. 4~5)	M-4	
11월1주	남자 캠프 (11. 11~12)	M-4	
11월2주			수능(10,목)
11월3주	온가족 금철 (20-21) 수험생 응원 캠프(18-19)		
11월4주			
12월1주			
12월2주	온가족 금철 & 신앙 Travel-유세(16-17)	M-5	유아세례교육
12월3주			
12월4주			

*연간 계획은 대략적인 계획이며 상황에 따라 얼마든지 변동 가능합니다.

그림 3) 수영로교회 가정사역영역 연간계획표

두 번째로 마일스톤 사역은 심플 simple 해야 한다. 거창한 이벤트가 되면 위험하다. 지속하기 어렵기 때문이다. 준비하는 교회도, 참여하는 가정도 부담을 느끼면 안 된다. 화려한 이벤트보다 진실한 축복이 사역의 중심에 위치해야 한다. 오랜 시간을 함께한 가족 관계는 짧은 시간 축하하는 것으로도 충분한 효과가 가능하기 때문이다.

예를 들어 결혼이나 출산의 경우, 주일 예배 시간에 강단에 올라와 인사를 나누고 공동체가 함께 기도하는 정도만 있어도 충분하다. 출산 전에는 교회 공동체에서 베이비 샤워 Baby Shower 를 진행할 수도 있다. 세속적인 축하보다는 한 생명의 탄생을 교회가 함께 축복하며 기도하는 것이다. 출산 후 아이가 처음 교회에 나왔을 때 목회자가 아기를 안고 기도해주는 것도 좋다. 초등학교에 입학하는 아이들을 위한 사역을 진행한 후, 주일 예배에서 특송을 하고 성도들이 함께 박수로 격려하는 정도로 마무리하는 것도 괜찮다. 이 아이들의 입학은 각 가정의 일이 아닌, 교회 공동체의 사역이 되는 것이다.

더 빌리지 처치 The Village Church, Flower Mount in Dallas, TX 의 경우 예배와 예배 사이에 마일스톤을 진행한다. 중학교 졸업 마일스톤은 약 30분 정도로 인도자 목사의 설명과 축복 찬양, 나눔 편지 읽기와 대화 그리고 기도로 이루어진다. 화려한 데코레이션이나 이벤트는 없다. 서로 축복하고 포옹하며 찬양한 후 가족끼리 자리에 앉아서 미리 준비한 편지를 읽어주기 시작한다. 금세 여기저기서 눈물이 쏟아진다. 중학교 졸업까지 키워준 부모님에 대한 감사 고백, 고등학교에 진학하는 자녀를 향한 당부의 말로 깊은 사랑을 전한다. 기도는 당연히 은혜롭다. 가족이 한자리에 앉아서 기도한 후, 목회자의 축복 기도로 하나가 된다. 짧은 시간 특별할 것 없는 사역이지만, 자녀의 마음에 신앙을 전해주기에 충분하다.

 욕심을 내려놓고 본질에 집중해야 한다. 거추장스러운 행사로 만들면 안 된다. 짧고 직관적인 사역을 통해 교회는 가정에, 특히 자녀들에게 마음을 전할 수 있다. 부모 세대가 자녀 세대에게 '우리는 너희를 사랑한다'라고 표현하는 것이다. 진심을 전하는 것이 중요하다. 자녀를 키우는 젊은 세대 부모도, 새로운 환경에 적응해야 하는 자녀 세대도, 이전 세대의 사랑을 느끼도록 따뜻한 교회 공동체를 만드는 것이다.

7. 가족 경험 Family Experiences 사역

 가족 목회의 목적은 가족이 복음을 경험하는 환경을 조성하는 것이다. 단순히 가족 친화적인 프로그램들을 진행하는 것이 아니다. 하지만, 철학은 프로그램으로 구현되기 때문에 모든 프로그램을 금지해야 하는 것은 아니다. 올바른 철학 위에서 진행하는 가족 경험 사역은 교회와 가정에 활기를 불어넣어 새로운 분위기를 만들 수 있다.

1) 가족 경험 사역의 구분

지금 한국의 밀레니엄 세대 부모는 치열하게 산다. 생존 경쟁은 갈수록 심화하고 있다. 빈부격차가 주는 상대적 박탈감도 크다. 살아남기 위해, 자신을 증명하기 위해, 행복한 가정을 이루기 위해 이들은 자신을 경쟁에 밀어 넣는다. 숨 가쁜 세상에서 바쁘게 산다.

그럼에도 불구하고 이들의 '가족 중심적 성향'은 증가하고 있다. 신앙에는 인색해도 가족을 위한 희생은 감수한다. 교회 봉사나 헌금은 안 해도 가족 여행에는 엄청난 시간과 물질을 사용한다. 더구나 이제는 거리나 시간의 제약이 가족을 흩을 수 없다. 지구 반대편에 있어도 스마트폰을 통해 언제나 가족과 연결되어 있다. 매일, 매시간 서로가 무엇을 하는지 공유할 수 있는 세상이다. 오늘날 가족은 이전의 어느 시대보다 밀접하게 연결되어 있다.

교회는 이 세대의 특징을 활용해야 한다. 교회에 대한 의무를 강조하면 더 큰 장벽을 만들 뿐이다. 율법은 복음을 가르칠 수 없다. 복음은 복음적 문화에서 자연스레 전해진다. '교육'이 아닌 '경험'이 중요하다. 가족이 함께 복음을 경험할 때 다음 세대에게 복음을 가르칠 수 있다.

가족 경험 사역 Family Experiences 은 교회가 건강한 가정을 세우는 경험을 제공하는 것이 목적이다. 밀레니엄 세대 부모가 '교회에 가면 가정이 행복해진다.'라고 느끼도록 만드는 것이다. 높은 학력과 경제적 안정을 추구하는 이들에게 성경적 부부 관계와 자녀 양육을 가르쳐야 한다. 부부가 서로를 이해하며 소통할 수 있도록, 복음으로 서로를 용서할 수 있도록 도와야 한다. 그러려면 세상의 인본주의적 방법론보다 교회가 먼저 젊은 부부에게 다가가야 한다. 가족 친화적 프로그램이 아닌, 복음을 담은 '영적 경험'을 제공하는 것이다.

여기서 그 전략을 도울 몇 가지 사역을 소개하려고 한다. 이중에 어디에나 적용 가능한 사역은 없다. 각 교회와 가정의 상황에 맞는 사역을 발견해야 한다. 사역의 종류는 무한하다. 하나님께서 허락하시면 얼마든지 창의적 접근이 가능하다.

2) 가족 경험 사역의 네 가지 영역

'교회 같은 가정'을 만드는 사역은 '가족 주도 프로그램들'로 구성된다. 가족이 여행을 가거나 특별한 시간을 만들어 서로 소통하는 것이다. 이런 단회적 프로그램들은 가족 관계를 회복하는 시작점이다. 그래서 정기적 프로그램으로 발전되어야 한다. 피상적 관계가 아닌, 말씀 앞에 가족이 함께 서는 본질적 관계 회복을 추구하는 것이다.

교회 주도 프로그램들은 '가족 같은 교회'를 만드는 사역이다. 가족 관계를 향상하는 사역을 통해 가족 간 관계를 형성하는 것이 단회적 프로그램의 목적이다. 역시 정기적 프로그램으로 확장되어야 한다.

교회가 가정과 정기적으로 소통하며 함께 기도하고 섬기며 아이를 키우는 것이다. 교회는 한 생명이 태어나 성장하는 모든 시간을 품은 신앙 공동체, 작은 마을이다.

표 1. 가족 경험 사역의 네 가지 영역

	단회적 프로그램들	정기적 프로그램들
가족주도 프로그램	(1) 가족 소풍 또는 여행 (2) 부모, 자녀 일대일 시간 (3) 서로에게 편지 쓰기 (4) 가족의 역사에 대해 이야기하는 가족 시간	(1) 가정 예배 (2) 가족 QT (3) 가족이 함께 성경 읽기 (4) 온/오프라인으로 가족 일기 쓰기
교회주도 프로그램	(1) 가족 축제 또는 캠프 (2) 특별한 주제에 관한 세미나 (3) 부모 또는 자녀의 삶을 기록하기 (4) 가족 대화를 위한 날 지정 (세대 통합 예배 등)	(1) 교회와 부모의 소통 (2) 세대간 영적 소통 (3) 기도하는 엄마들(MIP) 세우기 (4) 가족 성장 프로세스 축하하기 (5) 교회 내 섬김의 기회 제공 (6) 선교적 활동의 기회 제공

3) 단회적인 가족 주도 프로그램들

가족 목회는 가족 구성원의 친밀함을 요구한다. 친밀함이 없으면 영적 소통은 어렵다. 일회적인 사역을 통해 관계 회복의 실마리를 제공해야 하는데 관계에 어려움이 있는 가정에는 일회적 사역이 중요하다. 가정이 함께 시간을 보내도록 기회를 제공하는 것이다.

여기에는 장기적 전략이 필요하다. 일회적 프로그램을 장기적 사역으로 연결하는 것이다. 그러면 작은 프로그램도 좋은 사역이 된다.

여기서는 가족 소풍 또는 여행, 부모-자녀 일대일 데이트, 가족이 서로에게 편지 쓰기, 가족의 역사를 이야기하는 가족 시간 갖기를 제시한다. 하지만 이 프로그램을 그대로 적용해야 하는 것은 아니다. 각 교회의 상황에 맞는 창의적인 사역을 개발하는데 아이디어를 제공하는 것이 목적이다.

가족 소풍 또는 여행

평소와 다른 환경은 때때로 더 친밀한 관계를 만드는 기회를 제공한다. 그래서 가족 간의 시간을 권장할 필요가 있다. 한 신문 기사에 따르면, 최근 4년 동안 한국의 가족 여행은 44% 증가했는데 이는 부모뿐만 아니라 자녀와 함께 경험을 공유하는데 가치를 두기 때문이다.[74] 이러한 현상은 성공 중심적인 가치관을 따르고 있던 한국인들이 경험 중심적인 삶을 중시하는 쪽으로 변화하기 때문이다. 특히 소셜 네트워크SNS의 급속한 발전은 경험 중심적 삶으로의 가치관 전환을 가속하고 있다. 이전과는 달리 여행 사진을 공유하는 등의 행위를 통해 개인의 경험을 자랑할 수 있는 환경이 만들어졌기 때문이다.[75] 이러한 상황에서 목회자는 가족에 가치를 두며 함께 시간을 공유하기 원하는 부모의 성향을 기회로 활용해야 한다.

가족이 함께 시간을 보내는 것과 신앙이 성장하는 것은 적대적인 개념이 아니다. 오히려 지역 교회는 이 두 가지를 동시에 충족시킴으로 제자 훈련의 기회로 활용할 수 있다. 낸시 피어시Nancy Pearcey 교수는 "그리스도인들은 우리의 삶 속에 존재하는 세속적, 종교적 구분을 극복하고, 우리의 모든 삶의 영역에서 이루어지는 모든 일을 하나님을 위한 사랑과 섬김으로 완전하게 하나님과 연관시켜야 한다."라고 말했다.[76] 다시 말해서 주일을 거룩하게 지키는 동시에 가족 관계를 증진하는 것은 성경적으로도 타당한 생각이다. 둘 중 하나를 선택하라는 종교적 의무감을 강조하는 시대는 지났다. 목회자들은 부모에게 하나님을 위해 가족과 놀고 안식하는 방법을 가르쳐야 한다.

이를 위한 첫 번째 방법은 가족을 최소 단위로 고려한 매력적인 교회 행사를 기획하는 것이다. 가족이 주일에 여행이나 소풍 가는 것보다 더 매력적인 이벤트를 만들어서 가족이 예배를 선택하도록 만들 수 있다. 또한, 교회가 적극적으로 가족 시간을 위한 가까운 명소들을 소개하는 것도 가족 목회에 긍정적인 영향을 줄 수 있다. 부모의 필요를 무시하는 대신, 그들의 욕구를 교회에 유익한 방향으로 전환하는 것이다. 가족 시간을 통해 무엇을 배웠고 느꼈는지 공유할 수 있도록 교회가 지도하는 것까지 이어진다면 더 좋다. 가족이 공유한 경험을 가족 관계 증진으로 전환하는 것이다. 매일의 삶에서 가족이 공유한 모든 경험은 하나님께서 각 가정에 허락하신 신앙 전수의 기회다.[77]

부모-자녀 일대일 데이트

가족은 공동체적 관계와 함께 일대일 관계로도 연결된다. 그래서 교회는 부모와 자녀가 일대일로 만나 시간을 보내도록 도와야 한다.

"영성 개발은 기본적으로 사람 사이의 일대일 관계를 통해 이루어지기 때문"이다.[78] 부모와 자녀의 상호 관계는 가족 전체가 영적으로 조화를 이루도록 만드는 특별한 영향력을 가지고 있다.

이를 위해 교회는 자녀가 좋아하는 것을 부모가 함께 경험하도록 도와야 한다. 부모가 자녀의 독특한 필요를 채워주도록 비정기적이거나 즉흥적인 시간을 장려하는 것이다. 목회자는 부모가 자녀에게 관심을 두도록 지속적으로 교육해야 한다. 다른 가족의 이야기를 소개하는 것도 좋다. 말씀을 통해 서로를 알고 사랑하는 부모와 자녀를 만들어가면 영적 영향력을 높일 수 있다.

가족 간 편지 쓰기

가족 관계를 만들기 위해서는 시간을 투자해야 한다. 하지만, 지금 한국 사회는 부모와 자녀 모두 가족을 위해 시간 내는 것을 어렵게 만들고 있다. 너무 바쁘기 때문에 자녀들과 시간을 보내는 것은 불가능하다고 여기는 부모도 존재한다. 이러한 현실은 가정 사역에 있어서 큰 장애물이다. 그래서 창의적인 방법들이 필요하다. 자녀와 좋은 관계를 만들고 싶어 하는 부모의 마음을 교회에서 돕는 것이다.

편지를 쓰는 것도 하나의 방법이다.[79] 주일 예배 후 예배실에 남아 가족에게 편지를 쓸 수 있도록 작은 엽서, 펜 그리고 시간을 마련해 주는 것은 작지만 효과적인 방법이다. 또한 예배를 마칠 때 스마트폰으로 가족에게 축복의 문자를 보내도록 격려하는 것도 좋은 방법이다. 바쁜 삶으로 인해 잊어버릴 수 있는 것들을 잊어버리지 않도록 하는 것만으로도 가족 관계를 증진할 수 있는 것이다. 가족 구성원이 서로를 향한 마음을 표현할 수 있도록 작은 것부터 시도하는 것이 중요하다.

가족의 역사에 관해 이야기하는 가족 시간 갖기

역사는 하나님의 이야기다. 하나님은 역사를 통해 자신을 계시하신다. 그래서 성경을 통해 역사 이면에 있는 하나님의 이야기를 가르치는 것은 기독교 교육의 중요한 과제다.[80] 신앙 정체성은 이야기를 통해 전해진다.

같은 관점에서 자녀들에게 가족의 역사를 들려주는 것은 신앙 정체성과 가족 정체성을 동시에 개발하는 방법이다.[81] 아이들은 이야기를 통해 하나님 중심의 세계관을 형성하기 때문이다.[82] 그래서 부모는 자녀들에게 할아버지의 하나님, 부모의 하나님을 이야기해 주어야 한다. 예수님께서 우리 가문을 인도한 역사의 주인으로 묘사되면 자녀 자신의 삶에도 함께하는 분으로 자리매김하게 되는 것이다.[83]

안타깝게도 한국 사회에 이런 가족의 이야기를 들려주는 문화가 사라지고 있다. 그래서 의도적인 노력이 필요하다. 가족 기념일이나 공휴일을 활용해 가족의 이야기를 들려줘야 한다. 일방적인 이야기 전달을 넘어 눈에 보이는 족보, 사진, 일기 또는 현장 방문 등을 활용할 수도 있다. 하나님은 자녀 세대에게 영적 유산을 물려주기 위해 각 가문의 조상을 통해 시각화된 역사를 만드셨기 때문이다.[84] 교회는 부모에게 가족의 이야기가 얼마나 중요한지 교육하고 실제로 가족 시간을 보낼 수 있도록 도와야 한다.

이를 위해 수영로교회는 'HISTORY 가정 예배'를 진행했다. 가족이 함께 교회의 역사 영상을 보며 하나님의 은혜를 경험하는 가정 예배 시간이다. 교회는 역사 자료와 기성세대의 인터뷰로 15분 내외의 영상을 제작했다. 가정에서는 영상을 함께 보며 느낀 점을 나눴다. 교회의 역사를 이야기하며 부모의 신앙도 자녀에게 들려줄 수 있었다. "저때 아빠(엄마)도 있었단다."라는 역사는 오늘이 되었고 내일의 신앙으로 전해졌다.

4) 일회적인 교회 주도 프로그램

가정 사역의 시작 단계에서 교회는 가족 관계를 발전시킬 기회를 주도적으로 제공해야 한다. 교회의 다양한 자원을 활용해 가족 친화적 프로그램을 진행하는 것이다. 이는 교회와 가정의 시너자이즈를 위한 동력의 순간 Momentum을 형성하는 과정이다. 여기서 제시하는 가족 축제 또는 캠프, 특별한 주제에 관한 세미나, 물리적인 세대 통합 예배 등은 이미 한국 교회에도 익숙한 것들이다. 그래서 방법론 대신 이유와 방향을 제시했다. 프로그램 자체를 목적으로 삼는 오류를 주의해야 하기 때문이다.

가족 축제 또는 캠프

가정 사역의 구심점은 가족 친화적 사역에 성도가 참여하고 만족을 느끼는 것으로 형성된다. 그래서 교회는 가족 축제Family Palooza나 캠프를 통해 가족 시간을 만들어줄 필요가 있다. 특별히 믿음이 연약한 부모도 참여할 수 있는 문턱을 낮춘 프로그램은 교회 전체에 가정 사역을 편안하게 시작하는 환경을 조성한다. 밀레니엄 세대 부모의 요구를 목회 기회로 활용하는 것이다.

이를 위해 교회가 가족 단위로 1박이나 그 이상의 시간을 공유하는 가족 캠프Family Fun Camp를 진행할 수 있다. 가족이 자체적으로 여행하는 것과는 다르다. 교회 공동체와 함께 즐거운 경험을 공유함으로 가족의 친밀감과 함께 영적 가족인 교회의 일원이 될 수 있기 때문이다. 아이들과 함께 더 큰 가족인 교회 공동체를 경험하는 것은 이후 신앙생활에도 좋은 영향을 준다.

문제는 높은 비용이 소요된다는 것이다. 현대인의 높아진 안목도 맞추기 어렵다. 그래서 가족 축제나 캠프는 한두 번의 특별 사역으로 진행해도 괜찮다. 몇 교회가 연합하는 것도 방법이다. 중요한 것은 이런 가족 축제나 캠프를 통해 가정을 장기적 전략에 포함하는 것이다.

특별한 주제에 관한 세미나

라이프웨이LifeWay의 연구에 따르면, '많은 부모가 더 좋은 부모가 되기 원한다. 그러나 자녀 양육에 대한 조언은 세상에서 얻는다. 교회와 성경을 가장 낮은 순위에 둔다."[85] 성경의 가르침보다 자신의 경험이나 주변 사람의 조언 또는 인터넷이나 관련 서적을 더 유익하다고 생각하는 것이다. 이러한 통계는 한국의 젊은 부모에게도 해당한다. 한국의 밀레니엄 세대에게 인터넷을 통한 정보 수집은 일상이기 때문이다.

실제로 육아 관련 회사들은 이미 자녀 양육을 위한 커뮤니티를 만들고 수많은 정보를 제공하고 있다. 이런 현상은 유익한 측면도 있지만 성경이 말하는 자녀 양육과 다른 가치관을 심어줄 수 있다는 단점도 존재한다. 성경적 자녀 양육이 아닌 이윤 추구를 목적으로 하는 기업들의 교육에 의존해 자녀들을 키우게 되는 것이다. 교회는 이런 상황에 민감하게 대처해야 한다.

높은 교육 수준을 가진 한국의 밀레니엄 세대는 이미 온, 오프라인을 모두 활용해 자녀 교육 정보를 수집하고 있다.[86] 그래서 교회는 성경적 자녀 양육을 적극적으로 가르쳐야 한다. 자녀 양육이나 가정생활에 대한 세미나를 개최하는 것은 젊은 부모의 필요를 충족시키고, 실용적인 지식을 통해 문화를 선도하며, 가족 목회의 동역자들을 양성하는 창구가 될 수 있기 때문이다.[87] 가정의 문제들이 교회와의 접촉점이 되는 것이다. 이것은 목회적 기회이다.

그러나 세미나도 교회와 가정의 시너자이즈를 시작하는 행사일 뿐이다. 가정 사역은 다양한 강의가 아닌, 가족 제자훈련을 위한 새로운 삶의 패턴을 요구한다. 세미나를 개최하는 것은 교회의 입장에서는 정기적인 행사일 수 있지만, 부모의 입장에서는 당면한 문제를 해결하면 더는 참석하지 않아도 되는 일회성 행사일 뿐이다. 그래서 '복음에 함께 반응하는 가정 문화'를 만드는 것이 중요하다.[88] 목회자는 항상 다음 단계의 사역을 지향해야 한다.

물리적인 세대 통합 예배

최근 많은 교회들이 세대 통합 예배를 시도하고 있다.[89] 그러나 모든 세대가 한 장소에서 예배하는 것이 목적이 되면 위험하다. 아이들이 조용히 예배 시간을 견디는 것으로 기뻐한다면 그것은 세대 통합 예배의 핵심을 놓치고 있다. 왜냐하면, 세대 통합 예배에서는 모든 세대가 함께 동일한 영적 경험을 하는 것이 중요하기 때문이다.

이런 관점에서 자녀들에게 예배에 동참하는 의미를 부여하는 의식들rituals이 필요하다.[90] 전 세대가 함께 예배를 드린다면 아이들에게 수동적인 예배 참여를 요구하는 대신, 그들이 적극적으로 참여하여 영적 경험을 하는 것에 목표를 둬야 한다. 예를 들어 세례(침례)와 성찬은 자녀들과 함께 경험할 수 있는 가장 효과적인 의식이다. 성경을 봉독 할 때 모두 일어나거나 어른과 아이가 함께 성경을 읽는 것도 좋다. 그러므로 성경에 근거한 의식들을 통해 부모와 자녀가 함께 하나님의 임재와 거룩함을 경험하는 예배를 만드는 것은 부모와 자녀를 한 곳에 모으는 궁극적 이유다.

그러나 실제 목회의 현장에서 세대 통합 예배는 종종 문제를 일으키고 있다. 세대 통합 예배로 부흥을 경험한 교회 중에도 여전히 세대 통합에 대한 반대 여론이 존재하는 경우도 있다.[91] 가족을 중시하는 분위기에 불편을 느껴 교회를 떠나거나 상처를 받기도 한다. 부모가 교회에 출석하지 않는 아이 중에는 도태되는 경우도 발생한다. 특히 심각한 가정 위기와 세대 갈등을 직면하고 있는 한국 사회에서 세대 통합 예배는 복음의 확장성을 막을 수도 있다.[92] 세대 통합 목회는 필요한 철학이지만, 현실적인 갈등도 포함하고 있다.

그래서 세대 통합은 장기적 관점에서의 '영적 통합'으로 이끌어가야 한다. 이질적인 세대를 물리적으로 연합시키려는 시도는 위험하기 때문이다. 가족이 따로 예배를 드리더라도 영적 경험을 공유하면 된다. 세대 통합 예배는 가족 친화적 문화를 형성하기 위한 한 가지 방법일 뿐, 가정 사역의 절대 조건은 아니라는 말이다. 다시 말해서 정기적으로 한 자리에 전 세대가 모여서 드리는 예배가 신앙 전수를 보장하지는 않는다. 세대가 함께 예배를 드리지 않아도 신앙 전수는 충분히 실현될 수 있다. 물리적 세대 통합 예배는 교회와 가정의 시너자이즈로 신앙 전수 문화를 만들기 위한 한 가지 방법일 뿐이다.[93]

이런 이유로 세대 통합 예배는 각 교회의 상황에 따라 선택하거나 포기할 수 있는 프로그램이다. 굳이 공예배 시간에 가족이 함께 예배를 드려야 할 필요는 없다. 아이들의 관점에서 조용히 견뎌야 하는 예배라면 아무 유익이 없다. 부모도 아이들을 신경 쓰느라 예배에 집중하지 못한다면 세대 통합 예배는 그냥 행사로 전락할 뿐이다. 만약 아이들이 예배 시간에 떠들거나 움직여서 통제해야 한다면 예배가 부정적인 경험의 장소로 변질할 수도 있다. 그렇다고 아이들에게 맞추려 설교를 줄이고 아이들이 좋아하는 행사를 늘린다면 주객전도가 된다. 예배는 예배로 드려야 한다. 본질을 놓치면 모든 것을 잃는다.

만약 교회에 이런 현상들이 발생한다면 공예배가 아닌 가정 예배를 통해 세대 통합을 추구하는 것이 더 효과적이고 현실적이다. 가정에서는 아이들이 떠들거나 움직여도 상관없기 때문이다. 오히려 아이들의 눈높이에 맞춰서 예배드릴 수 있다. 하나님을 예배하는 경험을 즐겁게 공유할 수 있는 것이다. 그러면 주일에는 각 세대의 예배에 집중하고 주중에 가정에서 세대 통합을 추구하게 된다. 자연스러운 세대 통합은 교회와 가정이 각자의 장점에 집중하며 이루는 것이다.

5) 정기적인 가족 주도 프로그램들

가정 사역의 궁극적인 목적은 각 가족의 생활 습관을 복음 중심적으로 변화시키는 것이다. 그래서 가족 친화적인 프로그램들을 통해 가족의 관계를 증진하는 것에 머물러서는 안 된다. 자녀와의 좋은 관계보다 중요한 것은 가정에서 그리스도인의 삶을 보여 주는 것이다. 아이들은 부모의 말이 아닌 삶을 통해 배운다는 것을 잊어서는 안 된다. 교회와 가정의 시너자이즈를 통해 복음적 가정 문화를 만들어야 한다. 이를 돕는 아이디어를 제공하기 위해 여기서는 가정 예배, 가족 경건의 시간 Q.T., 가족 일기 쓰기, 성령의 아홉 가지 열매 축하를 제시한다.

가정 예배

　가정 예배의 핵심은 방법론이 아닌 지속성이다. 완벽한 가정 예배 방법은 없기 때문이다. 어떤 커리큘럼으로 정형화할 수도 없다. 처음에는 미숙하지만 지속하면 성령께서 각 가정에 맞는 가정 예배로 디자인하신다.

　가정에서 예배를 드리면 가정 예배다. 인원이나 시간, 순서와 같은 외형적 요소가 아닌 예배자의 마음이 가정 예배의 핵심이다. 가족 중 한 사람이라도 집에서 시간을 정해 꾸준히 말씀, 기도, 찬양을 드리면 된다. 그 시간이 쌓이면 하나님께서 온 가족을 예배하게 만드신다. 욕심을 버려야 한다. 매번 은혜로운 가정 예배는 불가능하다. 가정 예배 시간은 은혜롭지 못할 때도 있고 특별한 감동이 없을 때도 많다. 그럼에도 가정 예배를 지속해야 한다. 한 번의 뜨거운 가정 예배보다 잔잔히 지속되는 가정 예배가 훨씬 중요하다. 가정에 예배하는 문화를 만드는 것이 목적이기 때문이다.

　교회는 부모가 긴 안목을 가지고 가정 예배를 지속하도록 도와야 한다. 포기하지 않도록 격려해야 한다. 교회에 가정 예배 모임을 만들고 정기적인 교육과 기도회, 나눔 등을 진행해야 한다. 목회자가 심방할 때 가정 예배를 격려하고 자녀의 상황을 놓고 함께 기도할 수 있어야 한다. 동역자가 되어주는 것이다. 교회와 가정의 시너자이즈를 통해 함께 다음 세대를 키우는 것이다.

가족 경건의 시간 Family Q.T.

경건의 시간 Q.T. 은 한국 교회에 친숙하다. 그래서 가족 단위로 확장하기 쉽다. 가정 예배에 묵상 나눔만 추가하면 되기 때문이다. 물론, 부모와 자녀가 개인의 묵상을 솔직하게 공유하는 것은 어려운 경우가 많다. 하지만, 복음 안에서 극복할 수 있다. 예수께서 낮아지신 것처럼, 부모가 자녀의 이야기에 귀를 기울이고 그들에게 눈을 맞추며 자신 생각을 솔직하게 이야기할 수 있다. 이런 부모의 낮아짐은 자녀의 신앙 발달에 지대한 영향을 준다.[94]

이를 위해 가정 형성기부터 대화하는 가정 문화를 만드는 것이 중요하다. 신혼기부터 부부는 대화해야 한다. 일상을 나누는 수준을 넘어서 영적인 대화를 나눠야 한다. 이전에는 개인적으로 하던 큐티를 부부가 나누는 것이다. 그러면 아이가 태어나 성장하면서 대화하는 부모를 보게 된다. 자연스럽게 가정 예배로 발전된다. 이렇게 형성된 문화는 가정의 문화로 남는다. 세 살 버릇 여든 간다는 속담은 가정 문화에도 적용된다.

온라인 또는 오프라인으로 가족 일기 쓰기

그리스도인의 일기는 하나님께서 행하신 일들을 기록하는 것이다.[95] 가족 일기는 한 가정에 부어진 하나님의 섭리에 대한 기록이다. 한 가문의 신앙 유산이 일기라는 형태로 남겨지는 것이다.[96] 가족이 함께 일기를 쓰면 가족과 동행하신 하나님을 볼 수 있다.

온/오프라인의 다양한 기록 매체 중 각 가정에 맞는 방법을 찾는 것이 중요하다.⁹⁷ 오프라인 일기는 노트, 펜, 일기장을 준비해 일정한 장소에 놓아두고 함께 기록하며 읽는 것이다. 반면, 온라인 일기는 페이스북, 네이버 밴드 또는 카카오톡에 가족의 비밀 공간을 만드는 것이다. 온라인 일기는 언제 어디서나 접근할 수 있다는 장점과 함께 글뿐 아니라 아닌 사진이나 영상, 이모티콘 등 다양한 도구를 활용할 수 있다. 그러나 인터넷에 익숙하지 않은 가족은 사용하기 어렵다는 점이나 물리적인 자료가 남지 않는다는 점은 단점이다.

일기의 내용은 무엇이든 좋다. 일상을 기록하는 것을 넘어 가족이 함께 말씀 기도를 기록하는 것도 좋다. 성경 한 장 또는 단락을 정해서 기록하고 그에 대한 자신의 생각과 기도를 적는 것이다. 그러면 일기 쓰기, 성경 읽기, 가족 경건의 시간 그리고 기도하기 등 신앙 전수에 유익한 것을 동시에 할 수 있다. 가족 일기를 통해 하나님이 하신 일을 기록하는 동시에 영적 유산을 만들고 보존할 수 있다.⁹⁸

6) 정기적인 교회 주도 프로그램들

가정 사역은 부모를 훈련해 각 가정에 새로운 삶의 리듬^{문화}을 형성하는 것이다. 이를 위해 교회는 부모를 동역자로 세워야 한다. 단회적 이벤트에 머물지 말고 장기적인 사역을 위한 전략을 수립해야 한다. 교회가 정기적으로 부모와의 소통, 세대 간 영적 소통, 한 사람의 성장을 함께 축복하는 사역, 가족이 함께 교회와 선교를 섬기는 것을 주관하며 시너자이즈를 추구하는 것이다.

교회와 부모의 소통

교회는 부모와 정기적으로 소통해야 한다. 각 가정의 상황을 듣고 부모와 함께 고민하는 것이다. 특별히 시간이 갈수록 가정의 다양성은 증가하고 있다. 이전처럼 획일화된 교육으로는 각 가정의 독특한 필요에 대응하기 어려워졌다. 평균이 사라진 시대에 더는 평균을 가르칠 수 없는 것이다.[99]

신앙 교육 커리큘럼은 교회와 가정의 시너자이즈를 통해 발전시켜야 한다. 커리큘럼의 선택보다 중요한 것은 그것의 효과적인 적용이기 때문이다. 부모가 가정에서 어떻게 적용했고 어떤 반응이 있었는지 소통하는 것이 중요하다. 정기적인 시간을 만들어 가정 문화, 교회 문화를 주제로 소통하며 필요를 발견하고 대안을 제시하는 것이다. 교육의 적시성을 높이기 위한 목회적 관심이 중요해졌다.

온라인과 오프라인 모두 소통의 통로로 활용해야 한다. 특히 온라인은 교회와 부모 소통에 효과적이다. 온라인에 가정 예배 그룹을 만들고 매주 은혜나 고민을 나누며 실제적인 도움을 제공할 수 있다. 목회자가 학교별 학부모 그룹에 동참할 수도 있고 M.I.P. 기도 그룹을 운영할 수도 있다. 교회 홈페이지에 부부 관계, 자녀 교육 칼럼을 정기적으로 게시하는 것도 좋다. 이제는 시간과 거리를 뛰어넘은 목양을 적극적으로 시도할 수 있다.

오프라인 소통도 필요하다. 부모를 심방하며 자녀 교육의 고민을 들어야 한다. 정기적인 학부모-교사 모임P.T.A. 모임, Parent-Teacher Association을 학부모-목회자 모임으로 확장할 필요도 있다. 가정의 고민을 듣고 반응하는 교회를 만드는 것이다. 이는 가족 같은 교회를 만들기 위해 정기적으로 진행해야 하는 주요 사역이다.

세대 간 영적 소통

세대 통합은 영적 소통으로 이루어져야 한다. 물리적 예배 참석이 아니다. 같은 설교를 들어야 부모와 자녀가 소통할 수 있는 것도 아니다. 비록 부모와 자녀가 다른 예배에 참석해서 다른 설교를 들었다고 할지라도, 각자가 예배에서 들은 내용을 이야기할 수 있다. 영적 소통은 교육이 아닌 경험의 공유이기 때문이다.

산업화시대 공교육의 발달은 신앙 교육에 '연령 적합성'을 강조했다. 부모와 자녀의 구분을 넘어 나이별 특화된 교육을 진행했다. 신앙 교육도 마찬가지다. 어른 교육과 아동 교육을 분리하듯, 신앙 교육도 나이별로 분리해 세대 간 영향력을 단절시킨 것이다.[100] 세대별 전문 사역자가 등장했다. 여기에 부모 세대의 불안감이 더해지니 아이들의 예배를 지루하지 않은 것으로 만들어야 한다는 인식이 형성되었다.[101] 결국 많은 교회에서 어른 예배와 아이들의 예배가 서로 다른 모습으로 만들어졌다. 어른들의 예배와 다음 세대의 예배가 '다른 예배'가 되었다. 세대 간 틈이 벌어져 신앙 전수가 어려워지는 상황이 만들어졌다.

'연령 적합성'은 나쁜 개념이 아니다. 효과적인 교육을 위해 아이들의 발달 특성은 반드시 고려되어야 한다. 어린아이들에게 설교 시간에 조용히 앉아 있으라고 강요할 수는 없다. 충분히 훈련된 아이들은 괜찮을지 몰라도 아직 신앙이 어린아이들에게는 교회에 대한 부정적 인식만 형성할 수 있기 때문이다. 청소년기 아이들에게 전통을 무조건 따르라고 강요할 수도 없다. 그렇다고 부모에게 자녀들의 수준에 맞춘 설교에 만족하라고 말할 수도 없다. 현대 사회에서 나이별 구분은 불가피한 선택이기도 하다.

그렇다면 어떻게 해야 하는가? 가정에 답이 있다. 세대 간 영적 소통은 주일에만 국한된 것이 아니기 때문이다. 주일에는 나이별로 적합한 예배를 드리고 주중에 가정에서 소통하는 시간을 가지면 된다. 서로 다른 예배를 드렸더라도 가정에서 서로의 삶을 나누고 감사를 고백하며 기도하는 시간을 가지며 '영적 경험을 공유하는 것'이다.

중요한 것은 '공감과 격려'다. 각자의 경험을 인정하고 긍정적으로 반응하는 것이다. 가르치고 수정하려는 욕심을 버려야 한다. 신앙을 교육으로 접근하면 부모와 자녀 사이에 영적 관계가 깨지기 쉽다. 세대 간 소통은 신앙 성장의 밑거름이다. 몇 마디 대화로 상대방을 바꾸려는 것은 욕심이다. 사람을 변화시키는 것은 오직 성령 하나님만 가능하다. 그래서 부모는 자녀와 좋은 관계를 유지해야 한다. 아이들에게는 무엇을 대화했느냐보다 누구와 대화했느냐가 남기 때문이다.

기도하는 엄마 세우기

가정은 기도로 보호받는다. 그래서 교회는 기도하는 가정을 세워야 한다. 또한 기도하는 가정을 소그룹으로 묶어 교회와 가정에 기도하는 문화를 만들어야 한다. 비슷한 나이대의 자녀를 키워가는 부모를 연결해 목적 지향적 공동체를 만드는 것이다. 이런 연합에서 교회와 가정의 시너자이즈가 발생한다.

기도하는 엄마 Moms In Prayer, M.I.P. 사역은 교회와 가정에 기도하는 문화를 만드는 데 매우 효과적이다. 이 사역의 사명은 '엄마들이 함께 모여 기도함으로 그리스도를 위해 전 세계 자녀와 학교에 선한 영향을 미치는 것'이기 때문이다.[102] 교회는 M.I.P.를 활용해 엄마들의 기도 공동체를 만들 수 있다. 한국 M.I.P. 대표인 황숙영 사모는 다음과 같이 설명한다.[103]

> 사실 자기 자녀를 위해 기도하지 않는 엄마들이 어디 있겠습니까? 하지만 기도한다고 하면서도 여전히 엄마들의 마음속엔 염려와 두려움이 자리 잡고 있음을 부인할 수가 없습니다. 문제, 사건, 상황 바라보며 드리는 기도는 눈 뜨면 다시 불안해집니다. 늘 마음이 요동하지요. 그런 마음을 가진 엄마들이 함께 모여 요동하는 상황, 요동하는 자녀가 아니라, 말씀 속에 나타난 하나님과 그 약속하신 말씀에 초점을 맞추어 드리는 기도가 바로 MIP, 기도하는 엄마들의 기도 방식입니다. 말씀 기도이다 보니 자기 욕망이 아닌 하나님의 뜻 안에서 기도 할 수 있어 좋고, 무엇보다 일점일획도 결코 사라지지 않고 반드시 이루어질

말씀을 붙들고 기도함으로 강한 확신의 기도를 드릴 수 있으며, 혼자가 아니라 기도 짝과 함께 하는 합심기도여서 더욱 좋습니다. 단순히 자기 자녀만을 위해 기도하는 것에서 한 걸음 더 나아가 학교와 다음 세대를 품고 기도함으로써 주의 나라 위한 거룩한 믿음의 다음 세대를 세우는 기도이기에 이것이 기도하는 엄마들, M.I.P.가 이 시대에 필요한 이유가 될 것입니다.

M.I.P. 기도학교는 가족과 자녀, 학업과 신앙 교육을 중시하는 밀레니엄 세대에게 매력적이다. 실제로 젊은 엄마들이 기도학교를 마친 후에도 기도 짝으로 만나 서로의 자녀를 위해 기도하고 있다. 이들은 매우 강한 유대감을 갖는데 기도로 함께 자녀를 키워낸 동역자이기 때문이다. 교회는 이들을 적극적으로 목양할 필요가 있다. 자생적인 기도 그룹을 넘어서 밀레니엄 세대 부모를 연결해 기도하는 가정을 세우는 것이다.

이를 위해 교회는 정기적인 M.I.P. 교육을 진행해야 한다. 이 시간을 통해 말씀 기도가 무엇인지 배우고 기도 동역자를 만날 수 있기 때문이다. 신앙 교육과 소그룹 공동체를 동시에 만드는 기회이다. 비슷한 성장 단계에 있는 가정이 소그룹으로 연결되면 교회는 가정과 함께 자녀를 키우게 된다. 교회 전체가 영적 가족이 되는 것이다. 그렇게 사역을 지속하면 함께 기도하는 교회 문화가 형성된다. 교회와 가정이 함께 기도하는 문화를 만드는 것이다.

가족 성장 프로세스 Milestones

목회의 대상은 일이 아니라 사람이다. 그래서 목회 철학과 방법론은 반드시 사람의 특성과 성장 과정에 따라 발전되어야 한다.[104] 교회는 '부모가 자녀들에게 그리스도 중심적 세계관과 삶의 습관을 가르칠 수 있도록 자녀들이 위치한 삶의 단계에 맞는 자녀 양육 자료와 훈련을 제공해야' 하는 것이다.[105] 이는 교회가 부모와 함께한 아이를 키우는 동역자가 되는 것이다. 앞 장에서 자세히 다루었지만, 가족 성장 프로세스는 가족 같은 교회를 만들기 위해 교회가 주도하는 정기적인 프로그램 중 하나다.

'가족 같은 교회'를 만들기 위해 교회는 한 아이가 성장하면서 경험하는 '영적 기념비 Milestones'를 함께 기념할 수 있다. 자녀가 하나의 영적 기념비에 도달하면 교회가 함께 축하하며 하나님께서 그 사람 안에서 어떻게 역사했는지 감사를 드리고 앞으로의 삶을 위해 부모와 자녀를 격려하는 것이다.[106] 이 시간은 자녀의 정체성 형성에 큰 영향을 준다. 자신의 성장이 하나님의 은혜라는 것을 느끼게 만들기 때문이다. 동시에 부모는 교회에 대한 감사와 격려를 받을 수 있다. 육아를 함께 감당하고 있다고 느끼게 되기 때문이다. 또한, 이 사역을 진행하면 교회는 부모에게 자녀의 성장 단계에 맞는 양육 전략을 제시할 수 있다.

영적 기념비를 몇 단계로 구분할 것인지는 중요하지 않다. 교회가 부모와 함께 자녀를 키워간다는 것이 중요하다. 어떤 형식으로 축하해 줄 것인지도 중요하지 않다. 따로 축복하는 시간을 만들어도 되고 예배 시간에 박수만 해도 된다. 영상을 제작해 홈페이지에 게시하는 것만으로도 충분하다. 중요한 것은 교회가 아이들을 축복하고 가정을 격려하는 것이다.

섬김의 기회 제공

운동선수에게 경기장이 필요하듯, 그리스도인에게는 섬김의 장소가 필요하다. 섬김을 통해 영적 성숙이 일어나기 때문이다. 그런데 아이들은 섬김의 대상으로만 여겨지고 있다. 무언가를 스스로 할 수 있는 환경이 갈수록 사라지고 있다. 부모나 교사, 목회자가 모든 것을 제공하고 아이들은 교회에 와주는 것만으로도 칭찬받는 현상도 발생하고 있다. 이런 상황에서는 수동적이고 어린 신앙이 형성될 수밖에 없다.

물론 아이들은 여러 면에서 미숙하다. 어떤 사역을 맡기기에는 인격적으로나 영적으로나 부족한 것이 당연하다. 그래서 가족이 함께 섬기도록 해야 한다. 자녀를 섬김의 대상으로 여기는 대신, 가족이 함께 사역할 기회를 제공하는 것이다. 각 지역 교회는 어린 자녀들이 섬김을 실천하기에 가장 좋은 장소이기 때문이다.

이러한 가족 단위 섬김은 전인격적인 신앙 교육 방법이다. 또한 가족 관계를 강화하는 실제적인 방법이다. 그래서 가정 사역을 강조하는 미국의 교회는 가족 단위 섬김을 적극적으로 격려한다.[107] 초등학교 5학년만 되어도 부모를 돕는 보조 교사로 사역하기도 한다. 예배실 불을 켜거나 간식을 나눠주는 등 작은 일부터 맡기는 것이다. 그렇게 훈련된 자녀는 교사가 되고 교회의 리더가 된다. 자연스럽게 신앙이 전해지는 것이다.

선교적 활동의 기회 제공

배움은 선교적 경험을 통해 신념으로 전환된다. 그래서 교회는 "문화적 계약Cultural Engagement"을 위한 선교적 활동들을 추구해야 한다.[108] 목회자들의 역할은 교회를 선교를 위한 특별한 기관으로 만드는 것이 아니라, 각각의 그리스도인이 하나님께서 개인의 삶에 부여하신 독특한 상황 속에서 자연스럽게 복음에 따라 생활하도록 훈련하는 것이기 때문이다.[109] 그래서 팀 켈러는 각 개인을 종교적 의무감이 아닌, 하나님의 사랑에 근거한 선교적 삶에 동참하도록 독려해야 한다고 강조한다.[110] 제임스 K. A. 스미스James K. A. Smith도 '그리스도인의 예배 예배 의식에 대한 훈련, the liturgical practice'의 궁극적인 목적은 '하나님의 선교에 동참하기 위한 기독교인의 행동'이라고 정의하며 예배는 삶의 변화를 위한 것이라고 말한다.[111] 가정 사역은 각 가정을 선교사로 사회에 파송하는 것이다. 교회는 누구에게 무언가를 받기 위한 장소가 아니라 베풀기 위한 장소로 여겨야 한다.

이를 위해 교회는 가족이 선교적 삶을 살 방법들을 제시해야 한다. '교회가 이웃을 위해 무엇을 할 수 있는지' 공부하는 것이다.[112] 일반적으로는 구제나 긍휼 사역에 가족이 동참하도록 돕는 것이 된다. 하지만, 각 교회에 주어진 환경을 고려하면 자녀에게 강력한 영적 경험을 제공할 새로운 기회가 존재할 수 있다.[113] 하나님께서 각 교회와 가정에 허락하신 독특한 상황은 자녀에게 신앙을 전수하기 위한 통로이다.

7) 가족 경험 사역을 교회에 적용하기

앞에서 다룬 가족 경험 사역의 네 영역은 계속 확장될 수 있다. 교회의 상황에 따라, 가정과 교회의 필요에 따라 새로운 프로그램들을 만들 수 있기 때문이다. 그러나 이런 프로그램들은 정기적 프로그램으로 연결되어야 한다. 가족 친화적 프로그램을 많이 진행했다고 가족 같은 교회가 되지는 않기 때문이다.

표 2. 가족 경험 사역의 네 가지 영역 교회에 적용하기

	단회적 프로그램들	정기적 프로그램들
가족 주도 프로그램	(1) 가족 소풍 또는 여행 (2) 부모, 자녀 일대일 시간 (3) 서로에게 편지 쓰기 (4) 가족의 역사에 대해 이야기하는 가족 시간	(1) 가정 예배 (2) 가족 QT (3) 가족이 함께 성경 읽기 (4) 온/오프라인으로 가족 일기 쓰기
교회 주도 프로그램	(1) 가족 축제 또는 캠프 (2) 특별한 주제에 관한 세미나 (3) 부모 또는 자녀의 삶을 기록하기 (4) 가족 대화를 위한 날 지정 (세대 통합 예배 등)	(1) 교회와 부모의 소통 (2) 세대 간 영적 소통 (3) 기도하는 엄마들(MIP) 세우기 (4) 가족 성장 프로세스 축하하기 (5) 교회 내 섬김의 기회 제공 (6) 선교적 활동의 기회 제공

위의 표에서 네 가지 영역을 설명하고 있는데 처음에는 좌측 상단에서 시작하는 것이 좋다. 큰 부담 없이 시작할 수 있는 사역들이기 때문이다. 성도의 참여도 가장 높다. 이런 사역을 통해 교회 안에 가족의 중요성을 부각하는 것이 목적이다.

이후에는 우측 상단과 좌측 하단으로 확장한다. 교회와 가정이 한 호흡으로 움직이는 것이다. 각 가정이 영적 공동체가 되도록 정기적 사역을 진행하는 동시에 개별 가정을 하나로 묶는 단회적 사역을 진행하는 것이다. 이 시기에는 많은 에너지가 필요하다. 시너지를 만들어야 하기 때문이다. 가정의 역할만을 강조하면 금세 지친다. 교회의 단회적 프로그램만 진행하면 사역의 큰 그림에 오해가 생긴다. 가족 관계를 만드는 목적을 잃어버리는 것이다. 사역의 이유를 분명히 제시하며 '정기적 프로그램들'이 교회와 가정의 문화가 되도록 만들어야 한다.

다음 단계는 우측 하단으로 넘어가는 것이다. 이를 위해서는 장기 전략이 필요하다. '교회 같은 가정'도, '가족 같은 교회'도 하루아침에 만들어지지 않는다. '교회 같은 가정'을 모아 동역자 그룹으로 만들고 확장해야 한다. 이들이 함께 교회와 이웃을 섬기는 '선교적 가정'을 세우면 '가족 같은 교회'가 시작된다.

8. 실행과 지속을 위한 구조 만들기

바울은 교회를 그리스도의 몸으로, 성도는 그 몸의 지체로, 그리스도는 그 몸의 머리로 비유한다(엡 1:23, 고전 12:12~27, 골 1:18). 교회는 건물이나 종교 행위가 아닌, 생명을 담은 '유기체 Organism'라는 의미다. 그래서 교회는 기계론적 원리만으로는 설명할 수 없다. 교회는 생명을 위해 존재하고 생명을 확장하기 위해 움직인다.

이를 위해 교회는 조직과 시스템을 만들어왔다. 처음에는 그저 예배 공동체로만 존재하던 교회는 시간이 갈수록 조직화하였다. 현대 교회는 그 결과물이다. 교회마다 목회 비전과 시스템, 다양한 프로그램을 제시한다. 이제는 몇 가지 프로그램이 아닌, 교회 전체를 이끌어가는 시스템이 필수가 되었다. 물론 교회가 기계화되면 위험하다. 세속의 단체나 기업처럼 위계화될 수 있다. 그러나 교회가 유기체로 존재한다면, 교회의 본질인 생명에 집중한다면, 교회의 시스템은 유익하다. 본질을 지키면 하나님 나라를 위해 더 많은 사람이 힘을 모을 수 있다.

교회와 가정의 시너자이즈도 마찬가지다. 가족들이 좋아하는 몇 가지 프로그램을 진행하는 것으로는 유기체가 될 수 없다. 장기 전략이 필요하고 그것을 구현할 시스템이 필요하다. 우리가 직면한 영적 전투는 각 부모가 가정별로 치르는 각개전투가 아닌, 부모 세대가 힘을 모아 자녀 세대를 키우는 공동체적 전투다.

그렇다면 어떤 구조가 가정 사역의 실행과 지속에 유익한가? 기존의 수평적 교회 구조를 보완하는 '가족 단위 목회 시스템'이다. 주일학교와 부모가 함께 다음 세대를 키우도록 '수평적 교육 시스템'을 보완할 '수직적 목양 구조'를 만드는 것이다. 교회별로 적용 가능성은 다르다. 개 교회의 상황이 모두 다르기 때문이다. 그러나 지향점은 동일하다. 세대와 세대가 서로 연결되어 신앙을 전수하는 방법을 고민하며 새로운 교회 구조를 만들어야 한다.

1) 수평적 교회 조직을 수직적 가족 단위 교회 조직으로

한국 교회는 일반적으로 '교구 중심 목회 구조'를 가지고 있다. 교회의 장년 성도가 목회의 주요 대상으로 여겨지고 아이들은 주일학교에 소속된다. 교회의 주요 사역도 어른 세대 중심으로 이루어진다. 그러다 보니 많은 경우에 경험이 더 많은 선임 목회자들이 교구를 담당하고 주일 학교는 초임 목회자들이 담당한다. 자연스럽게 목회의 중심이 어른들에게 치중된다.

문제는 아이들에게는 예산이나 열정으로 메꾸기 어려운 전문성과 지속성이 필요하다는 것이다. 교육은 전문성을 요구한다. 필요한 때에 적절한 교육을 해야 한다. 한 번 지나간 교육의 기회는 다시 돌아오지 않는다. 지속성도 매우 중요하다. 아이들에게는 신앙의 모범으로 따를 사람이 필요하다. 잠시 만났다가 이별하기를 반복하면 신앙을 배우기 어렵다. 피상적 관계가 아닌, 인격적 동행이 중요하다. 교회에서 오랫동안 함께 할 목회자가 자녀들을 품고 키워내야 한다.

그렇다고 한국 교회 현실에서 경력이 많은 목회자를 주일학교에만 배치하기는 어렵다. 미국 교회처럼 교육 디렉터에게 막대한 권한을 주기도 어렵다. 오랫동안 축적된 한국 교회 문화와 교역자 그룹 문화를 하루아침에 바꿀 수 없기 때문이다. 그래서 교회와 가정이 협력하는 새로운 시스템이 필요하다. 개인이 아닌, 가족을 목회 대상으로 삼는 것이다. 수평적으로 구분하던 목양 구조를 수직적으로 바꾸는 것이다.

수평적 교회 조직 구조는 나이별로 성도를 구분하고 교역자를 배치한다. 이때 교역자는 주로 각 부서만 담당하고 목양 외 교회의 사역에 동참한다. 겸임하는 경우는 교구가 우선되기도 한다. 이 경우 부서 간 소통은 어렵다. 교역자 간 소통을 노력해도 조직 구분에 갇힌다. 각자 사역이 정해져 있기에 각자 부서를 우선할 수밖에 없다.

교회에 수직적 구조를 더 하면 가족 단위 목양이 가능하다. 장년 성도들만 목양의 대상으로 하는 대신, 가족을 목양의 대상으로 설정하는 것이다. 물론 주일에는 나이별로 예배를 드린다. 수평적 구조를 유지하는 것이다. 대신 주중 목양을 가족 단위로 한다. 그러면 부모와 자녀를 모두 한 교역자가 담당하기에 자연스럽게 세대 간 소통이 이루어진다. 분리가 아닌 통합을 추구하는 새로운 교구 시스템이 되는 것이다.

표 3. 수평적 조직 구조와 수직적 조직 구조

교구	1팀	2팀	3팀	4팀	5팀
청년부	교구	교구	교구	교구	교구
고등부	청년부	청년부	청년부	청년부	청년부
중등부	고등부	고등부	고등부	고등부	고등부
소년부	중등부	중등부	중등부	중등부	중등부
초등부	소년부	소년부	소년부	소년부	소년부
유년부	초등부	초등부	초등부	초등부	초등부
유아부	유년부	유년부	유년부	유년부	유년부
영아부	유아부	유아부	유아부	유아부	유아부
	영아부	영아부	영아부	영아부	영아부

[수평적 교회 조직 구조]   [수직적 구조를 더한 경우의 교회 조직 구조]

한국 교회의 다수는 나이를 기준으로 한 수평적 교회 조직이 있다. 이러한 조직은 교회 내에 세대 간 구분을 만들었고 신앙 전수에 부정적 영향을 주었다.

제임스 K. A. 스미스는 다음과 같이 지적한다.[114]

우리는 그리스도의 한 몸을 세대별로 나눠서, 예배하는 교회 중심에서 어린이와 청소년을 떼어 내어 공식적으로는 교회 건물 안에 있긴 하지만 사실상 "패러처치parachurch"나 다름없는 공간으로 보내 버렸다… 더 중요한 점은, 이렇게 그리스도의 몸을 세대별로 분할함으로써 가장 강력한 습관 형성 방식 중 하나인 모방의 기회를 제거했다는 것이다. 젊은이들이 늘 자기들끼리만 모인다면 어떻게 본보기, 즉 평생 예수와 함께 살아온 지역 교회의 모범이 될 만한 성도들을 보면서 배울 수 있겠는가?

그럼에도 연령별 발달에 따른 교육은 여전히 효과적이고 필요하다. 가정이 아무리 많은 역할을 감당하려 노력해도 전문성을 갖춘 사역자가 감당해야 하는 역할은 분명히 존재한다. 예를 들어 아이들의 수준에 맞는 성경 교육은 전문가의 영역이다. 부모가 예배에 집중할 수 있도록 주일학교를 매력적으로 만드는 것도 주일학교 사역자의 영역이다. 부모에게 털어놓을 수 없는 이야기를 듣고 상담해 주는 역할도 감당할 수 있다. 주일학교는 가정 사역의 반대쪽에 있지 않다. 오히려 같은 대상을 품은 동역자 관계다.

그래서 기존의 부서 구성을 그대로 유지한 상태에서 가족 단위로 목회하는 것이 대안이다. 주일학교를 없애고 전 교인이 함께 예배하는 것도 가능하지만, 대부분의 교회에 적용하기는 어렵다. 그래서 수평적으로 구분된 교회 조직을 수직으로 구분해 '격자형 조직'으로 만드는 것이 대안이다. 겉으로 보기에는 동일하다. 가정 사역은 외형이 아닌, '패러다임의 전환'이기 때문이다. 패러다임의 전환은 '모든 것의 변화인 동시에 아무것도 변하지 않는 것'이라는 사실이다. 급진적 변화 대신, 목회의 본질 회복을 위한 자연스러운 변화를 추구하는 것이다. 아무리 좋은 패러다임도 급진성 때문에 지역 교회에 적용할 수 없다면 아무 소용이 없다.

2) 가족 단위 교회로 전환하는 방법

어떻게 가족 단위 교회로 전환할 수 있는가? 시작은 교구와 주일학교를 '가족을 기준으로 배열하는 것'이다. 교역자가 가족 전체를 목양할 수 있는 구조를 만드는 작업인데 주일에 진행되는 부서별 예배는 이전과 동일하게 수평적 구조로 진행한다. 그러면 성도들의 혼란을 최소화할 수 있다. 대신, 주중에 이루어지는 목양은 수직 구조에서 진행한다. 한 목회자가 한 가정 전체를 담당해 부모부터 자녀까지 모두를 돌볼 책임을 갖는 것이다. 그러면 교구와 주일학교 사역을 한 호흡으로 만들 수 있다.

이 구조를 만들면 주일학교는 '교육'을 담당하게 되고 주중 목양은 '양육'을 담당하게 된다. 필요하다면 자녀의 나이가 비슷한 가정끼리 한 교구로 묶어서 교구 담당 교역자가 그 주일학교를 담당할 수도 있다. 미취학 교구, 취학 교구, 제2 신혼기 교구 등으로 구분하는 것이다. 교역자가 많다면 교구별 목회자 팀을 구성할 수도 있다. 파트타임 전도사는 주일에는 부서를 도우며 교회의 행정적인 일을 맡기는 방식으로 운용할 수도 있다. 세부적인 사항은 교회의 상황에 따라 변경할 수 있지만, '가족 단위'로 목양을 진행한다는 큰 틀을 세우면 세대 간 소통을 만드는 교회 시스템을 세울 수 있다.

이와 같은 변화의 지향점은 '세대 통합 교회로 전환'하는 것이다. 세대 통합은 예배에 국한되지 않는다. 교회 조직 전체를 '세대 통합적으로' 바꾸는 것이다. 실제로 세대 통합을 시도해보면 모든 세대가 함께 예배드리는 것은 어렵다. 아이들의 소리는 예배의 방해 요소가 된다. 이해하고 견디라고 말하기에는, 시간이 지나면 적응한다고 말하기에는 공동체에 어려움이 발생한다. 그렇다고 아이들 눈높이에 맞춘 예배를 드릴 수도 없다. 부모 세대가 온전히 예배드리지 않으면 금세 무너진다. 예배를 통해 부모가 먼저 사랑할 힘을 얻지 못하면 가정에 흐르던 사랑은 금세 메말라버린다.

그래서 세대 통합을 추구할수록, 가족을 강조할수록 주일에는 수평적 구조를 강조해야 한다. 부모가 온전히 예배할 수 있는 1시간을 만들어주어야 한다. 부모의 영성이 세대 통합의 핵심이기 때문이다. 부모는 그들의 영적 필요에 맞는 말씀을 들어야 한다. 아이들은 발달 단계에 맞는 주일학교 교육에 참여해야 한다. 이런 주일 구조를 유지한 상태에서 목양 구조를 수직적으로 만들어야 한다. 이를 통해 '교회 성도들이 서로의 삶에 연관되도록' 만드는 것이다. 충분한 준비와 동기부여가 필요하다. 변화는 조심스럽게 추구해야 한다.

3) 신앙 전수를 위한 더 적극적인 변화

부모와 자녀가 함께 예배하기 원한다면 조금 더 적극적인 변화도 가능하다. 전 세대 예배를 드리기 어려운 나이만 주일학교를 운영하는 것이다. 초등학교 3~4학년이 기준이 될 수 있다. 부모 세대의 설교를 이해할 수 있는 나이부터는 예배를 함께 드리며 자연스러운 신앙 전수를 추구하는 것이다. 물론 주중에는 나이별 모임을 하지만, 주일에는 같은 예배를 드리기에 가정 예배와 연결도 쉬워진다. '선택과 집중'을 통해 나이별 교육과 세대 통합 예배의 장점을 모두 추구하는 것이다.

텍사스에 위치한 더 빌리지 처치 The Village Church in Flower Mount, TX 의 경우는 10살까지만 주일학교를 운영한다. 11살 이상 아이는 부모와 함께 조용히 예배에 참여하며 집중할 수 있기 때문이다. 동시에 교회의 주일학교 역량을 어린아이들에게 집중해 더 많은 인력과 예산을 어린아이들에게 쏟는다. 루이스빌에 있는 라 그랜지 침례 교회 LaGrange Baptist Church in Louisville, KY 는 중형 교회이기에 더 효과적으로 이 구조를 활용한다. 다음 세대가 줄어드는 현실에 부모와 함께 예배하며 신앙을 배울 수 있는 자녀들은 부모가 집중하고, 아직 성장하지 못한 어린아이들에게는 교회가 예산과 인력을 집중하는 것이다.

한국 교회도 다음 세대의 급격한 감소를 경험하고 있다. 이런 현실을 고려하면 앞으로 선택과 집중 구조가 대안이 될 수 있다. 줄어드는 예산과 교사 인원 부족을 호소하는 상황에 선택과 집중을 통해 가정과 주일학교의 역할을 구분하고 장점을 극대화할 수 있기 때문이다. 물론 필요에 따라서 나이는 조절할 수 있다. 부모와 단절된 한국 사회의 청소년 특성을 고려하면 중등부까지 주일학교를 운영할 수도 있다. 영유아부만 운영하고 초등학생부터 부모와 함께 예배드리는 것도 가능하다. 주일예배를 통합하고 주중에 연령별 모임을 더 강화하는 것도 좋다. 교회와 가정의 상황에 따라 유동적으로 적용할 수 있다.

중요한 것은 '지속 가능성'이다. 전체를 통합해야 한다는 생각에서 벗어나면 다양한 가능성이 등장한다. 이제는 모든 것이 변화될 수 있는 세상이다. 교회 조직도, 사역 방향도 필요에 따라 과감한 변화가 필요할 때도 있다. 다음 세대에게 신앙을 전해주기 위해 부모 세대는 마음을 모아야 한다. 우리는 변하지 않으면 도태되는 시대를 살고 있다.

문화는 사명자가 만든다

+

가정의 신앙 전수는 성경이 말하는 '최선책'이다. 어쩌면 하나님은 이 상황을 통해 본래 의도한 제자 양육 방법을 회복하고 계신지도 모른다. 코로나19 이후에도 이런 경향은 계속 될 것이다. 교회와 가정의 시너자이즈는 성경적 신앙 전수 방법이기 때문이다.

문화는 사명자가 만든다

지금 한국 교회는 심각한 위기에 빠져 있다. 주일학교의 급감은 강력한 경고음이다. 이는 한국 교회의 위기이기도 한다. 더욱이 코로나19는 그 위기를 가중하고 있다. 10년 후, 20년 후 교회를 생각한다면 새로운 세대를 품는 목회 대안이 필요하다. 우리의 자녀 세대를 잃은 이유는 우리가 새로운 세대의 문화에 접근하는 방법을 놓치고 있기 때문이다.[115] 변하지 않는 복음을 변화하는 세상에 전하는 전략이 필요하다.

여기서 말하는 '새로운 세대의 문화에 접근하는 방법'은 피상적인 것이 아니다. 새로운 세대가 좋아하는 찬양을 하고 예배 스타일을 바꾸는 정도를 의미하지 않는다. 보다 본질적이고 장기적인 변화다. 율법에 근거한 이분법적 사고를 버리고 하나님의 통치를 믿는 새로운 문화를 만드는 것이다. 이를 위해서는 복음을 받아들일 대상에 대한 이해가 필요하다. 새로운 세대와 소통할 수 있는 복음의 언어를 개발해야 한다.

가정 사역은 그 언어를 제공한다. 교회가 가정을 강조하는 세대에게 가정을 함께 세우겠다고 손을 내미는 것이다. 교회와 가정에 복음의 문화를 만들어 믿음의 다음 세대를 함께 키우자고 말하는 것이다. 비성경적 가치관이 점점 득세하고 있는 이 세상에서 교회가 믿음의 부모를 가르치고 도와야 한다. 그들과 호흡을 맞추며 믿음의 자녀를 키워내야 한다. 이제는 교회와 가정이 함께 신앙을 전수해야 할 때가 되었다.

에베소서 4장 16절은 "그에게서 온몸이 각 마디를 통하여 도움을 받음으로 연결되고 결합하여 각 지체의 분량대로 역사하여 그 몸을 자라게 하며 사랑 안에서 스스로 세우느니라"라고 말한다. 이는 교회가 각 마디로 존재하는 개인과 가정을 서로 연결되고 결합하도록 도와야 한다는 의미이다. 가정이 교회 안에서 한 몸 공동체가 되어야 한다. 교회와 가정의 시너자이즈는 이런 사랑의 역사를 이루는 것이다. 새로운 시대에 교회는 새로운 사명을 감당해야 한다.

그동안 한국 교회에서 '가정 사역'은 주로 세미나 형식의 학교 사역을 중심으로 이루어졌다. 수많은 가정이 학교 사역을 통해 회복되었다. 다양한 형태의 부부 학교, 어머니 학교, 아버지 학교, 자녀 양육학교 등 가정 관련 학교는 지금도 좋은 영향력을 발휘하고 있다. 코로나19 팬데믹 이후에도 그 중요성은 줄어들지 않을 것이다.

그러나 가정 사역은 더 넓은 차원의 것이다. 가정을 통해 거룩한 다음 세대를 세워 복음을 전하는 모든 사역이 가정 사역의 범주에 해당한다. 부부관계를 회복하는 목적도, 양육 방법론을 배우는 목적도, 믿음의 자녀를 키우는 것도 복음을 위한 것이다. 자녀에게 신앙을 전해주지 못한다면 가정의 존재 목적이 사라지는 것이다.

이제 가정 사역은 목회 일부분이 아니다. 지금 젊은 세대는 가정에 가치를 부여하기 때문이다. 더욱이 코로나19 팬데믹으로 신앙 전수에서 가정의 역할이 부각되었다. 자연스럽게 부모와 자녀가 주일을 함께 보내게 되었다. 이는 비대면 상황에 선택하는 '차선책'이 아니다. 가정의 신앙 전수는 성경이 말하는 '최선책'이다. 어쩌면 하나님은 이 상황을 통해 본래 의도한 제자 양육 방법을 회복하고 계신지도 모른다. 코로나19 이후에도 이런 경향은 계속될 것이다. 교회와 가정의 시너자이즈는 성경적 신앙 전수 방법이기 때문이다.

세상은 뉴노멀New Normal을 말한다. 지금까지 경험하지 못한 세상은 이미 시작되었다. 이는 새로운 목회 철학이 필요하다는 의미다. 기존 목회에 가족 친화적인 행사나 방법론을 도입하는 정도로는 안 된다. 혁신적 변화가 필요하다. 새로운 시대의 가정 사역은 가정을 통해 제자를 키워내는 목회 본질에 대한 것이 되어야 한다. 지식 전달 중심의 교육을 탈피하고 '교회 같은 가정'을 세워 '가족 같은 교회'를 세워야 한다. 교회와 가정의 협력을 신앙으로 전해주는 복음적 문화를 만드는 것이다.

지속이 중요하다. 그래서 하나님은 사명자를 부르신다. 끝까지 포기하지 않는 한 사람을 통해 변화를 이루신다. 지속해야 한다. 견뎌내야 한다. 그 한 사람이 중요하다.

부록

1. 교회와 가정의 시너자이즈로 신앙을 전수하는 미국 교회들

2. 수영로교회 가정사역영역 소개

3. 가족 훈련 목회의 세 가지 철학적 뿌리

부록 1

교회와 가정의 시너자이즈로 신앙을 전수하는 미국 교회들

가정 사역은 모든 교회에 존재한다. 교회와 가정 중 한쪽만 존재할 수 없기 때문이다. 하지만, 가정을 통한 신앙 전수를 특별히 강조하는 교회들이 있다. 이들의 목회 철학과 사역을 보면 각 교회에서 적용하고 있는 가정 사역을 확인할 수 있다.

이런 교회들의 특징은 신앙 전수를 위해 교회가 가정과의 시너자이즈를 주도한다는 것이다. 목회자는 부모를 훈련해 각 가정을 말씀으로 세울 책임을 인식하고 복잡하고 개별화된 사회에서 부모가 자녀의 신앙을 책임지도록 지원하는 '목회 전략'을 실행한다. 분주한 일상을 살아가는 부모들이 자녀에게 신앙을 전수할 수 있도록 각 교회에 적합한 전략과 방법을 제시하는 것이다.

이미 미국의 많은 교회들이 교회와 가정의 시너자이즈를 위한 목회 전략을 구현하고 있다. 포스트모더니즘이 만든 새로운 세대의 요구를 충족하기 위해 가정을 목회의 영역으로 다룬 것이다. 이들의 목회 현장이 궁금했다. 그래서 여러 교회를 방문해 인터뷰와 탐방을 진행했다. 그중 다섯 교회의 이야기를 소개하려 한다.

여기 소개하는 다섯 교회의 시너자이즈 전략은 서로 다른 것처럼 보인다. 각 교회에 적합한 전략을 발전시켰기 때문이다. 하지만, 그 본질은 같다. 가정과 교회의 시너자이즈를 통해 예수 그리스도의 제자를 세운다는 공통된 목표를 가지고 있기 때문이다. 신앙 전수를 위해 노력하는 이 교회들의 철학과 전략은 주목할 가치가 있다.

1. 패밀리 교회 다운타운
(Family Church Downtown in West Palm Beach, Florida)

뜨거운 태양과 에메랄드빛 바다가 인상적인 플로리다 웨스트 팜 비치. 패밀리 처치 다운타운(Family Church Downtown, FCD)이 있는 곳이다. 오랜 비행에도 아름다운 해변의 손짓에 5살, 3살 아이들은 이미 넘어갔다. 당장 바다에 뛰어들려는 주언이와 주아를 달래며 목적지에 도착했다. 해안도로 옆에 위치한 교회에는 이메일을 주고 받은 킴벌리 웰스Kim Wells가 기다리고 있었다.

2018년 기준으로 5,000여 명의 성도가 출석하는 패밀리 처치 연합(Family Church Association, FCA)의 대표 캠퍼스인 패밀리 처치 다운타운 (Family Church Downtown, FCD)은 고풍스러운 예배당을 사용하고 있었다. 특이한 점은 교회 입구 상단 대리석에 기록된 "First Baptist Church"였다. 다른 교회인가 싶었는데 1901년에 설립되었을 때 이름을 그냥 놔둔 것이라고 한다. 다음 세대에게 교회의 역사를 알려주는 직관적인 교육 장치였다.

이 교회의 담임목사인 지미 스크로긴스Jimmy Scroggins는 2008년에 부임했다. 그는 "100개의 이웃 교회를 설립한다"는 비전을 제시했는데 그의 목회 중심에는 가족 목회Family-equipping Ministry가 있다. "가정들이 하나님의 본래 디자인을 발견하고 추구하는 것을 돕는다.to help families discover and pursue God's design"는 전략은 그가 담임으로 부임하기 전에 남침례 신학교Southern Baptist Theological Seminary의 실천신학 교수로 재직한 영향이기도 했다. 로비 곳곳에 있는 표어와 환하게 웃는 가족들의 사진은 교회의 철학을 보여주고 있었다. 입구에서부터 이 교회는 '가족적'이었다.

로비에서 간단한 설명을 들은 후, 킴벌리의 사무실로 향했다. 작은 사무실에는 아이들을 위한 사탕과 나를 위한 팜플렛이 준비되어 있었다. 아이들을 환영하는 사탕 이벤트 후, 킴벌리는 FCD의 핵심 가치는 "성경을 가르치고teach the Bible", "가정들을 세우며build families", "이웃을 사랑한다love our neighbors"는 세 가지라고 설명했다. 교회의 모든 사역은 이 세 가지에 근거를 두는데 '가족 같은 교회'를 만드는 것을 지향하고 있었다.

이는 '삶에서 일어나는 현실의 문제들에 대해 함께 이야기하며 성경의 대답을 찾아가는 것'이다. 가족은 현실을 함께 살아가는 공동체이기 때문이다. 그래서 FCD의 "성장 그룹들Growth Groups"과 "학습 그룹들Learning Groups"은 지극히 현실의 문제에 관심을 가진다. 마태복음을 가르치더라도 '마태복음 강해'보다는 삶에 연계된 제목을 선정한다. 그리고 모든 그룹들의 목적은 교회 울타리를 넘어 공동체적인 삶을 추구하는 것이다. 미국의 개인주의를 극복하기 위해 교회가 가족이 되는 것이다.

교회의 부부 사역을 담당하는 지미 포겔만Jimmy Fogleman 목사를 만났다. 어두운 톤의 아늑한 사무실에서 만난 포겔만 목사는 이 교회에서 태어나 성장해 목사가 되었다고 자신을 소개했다. 어느덧 노령의 목회자가 된 그에게서 교회와 지역사회를 향한 깊은 사랑이 묻어나왔다. 만나는 것만으로도 영혼을 향한 열정이 느껴졌다.

플로리다는 기독교 인구가 4%밖에 안된다고 하는 안타까움으로 교회 사역을 설명하기 시작했다. 미국에서 가장 낮은 복음화율은 휴양 도시라는 지역적 특성과 더해져 복잡한 가족 문제를 만든다고 설명했다. 더군다나 포스트모더니즘과 성 정체성 혼란은 플로리다 지역에 매우 강력하게 형성되고 있었다. 이런 목회 환경은 흔히 가족을 강조할 수 없는 요인으로 분류된다. 하지만, 그는 오히려 이런 환경 때문에 가족을 강조해야 한다고 말한다:

> 우리가 가족 목회를 강조하는 이유는 우리의 현실에 근거합니다. 지금 깨어진 가정들로 인해 고통받는 사람들이 얼마나 많이 있습니까? 하나님이 디자인하신 가정들이 잘못된 가치를 쫓은 결과가 지금 이 시대입니다. 그런데 많은 교회들이 이런 현실에 관심이 없습니다. 예를 들면,

많은 교회들이 이혼은 죄라고 가르치지 않거나 아무 언급 없이 회피합니다. 성경을 기준이라고 제시는 하지만, 그것을 통해 사람들을 정죄할 뿐이라면 그것은 그들을 교회에서 떠나게 만드는 말이 됩니다. 반대로 인생의 중요한 문제인 결혼과 이혼에 교회의 관심과 가르침이 없다면, 성도들은 방황할 수밖에 없습니다. 인생의 해답을 교회에서 찾지 못하기 때문입니다. 그래서 우리는 가정에서 상처받고 실패했다고 생각하는 사람들을 회복하는 사역을 하기로 했습니다. 가족 목회는 건강한 가정만 아니라 깨어진 가정들도 돌보는 사역이기 때문입니다. 그들에게 회복할 수 있는 용기와 성경적인 방법을 제시해 주어야 합니다. 하나님이 디자인하신 가정을 회복하는 것은 이 시대의 교회가 감당해야 하는 책임입니다.

가족 목회Family Ministry는 가정에 대한 하나님의 본래 목적Original design을 보여주는 것이다. 깨어진 가정으로 상처받은 영혼들에게 복음을 제시하는 것이다. 이러한 관점에서 가족 목회는 건강한 가족을 만드는 것을 지향하지 않는다. 반대로 하나님이 용서하신 가정을 만드는 것이 목적이다. 이 시대에 가정을 회복하는 것은 교회의 사명이다.

이를 위해 FCD가 강조하는 것은 부모를 먼저 제자화하는 것이다. 특별히 FCD는 삶의 단계에 대한 특화된 접근을 강조한다. 어린이, 학생, 대학생, 성인기, 결혼기, 그리고 가족 형성기에 맞는 목회적 접근법을 사용하는 것이다. 그래야 적시성 있는 사역이 가능하기 때문이다. 성도들의 삶에 관심을 가지고 그들이 경험하고 있는 문제를 함께 다루는 교회를 만들어가는 것이다. 부모는 그 사역의 열쇠다. 부모가 현실을 정확히 인식하고 성경으로 답을 찾아내도록 도와야 한다. 그것을 삶의 현장에서 실천하도록 공동체가 지원과 격려를 주는 것이다. 성경적 가정을 회복하는 시작은 부모에게 있다.

그래서 FCD의 사역 핵심은 '부모의 예배'다. 이 교회의 어린이 및 가정 사역 담당자인 죠지 에스토넬 George Estornell 목사는 "만약 부모들이 그들의 예배를 통해 하나님을 경험하지 못하면, 그들은 가정에서 그들의 자녀들을 훈련할 수 없다."라고 말한다. 부모가 먼저 온전한 예배를 드려야 믿음의 가정을 세울 수 있다는 것이다. 그래서 FCD는 주일 성인 예배에 많은 관심을 기울인다. "Family Church Worship Ministries"라는 기관을 통해 전문화된 예배 사역자들을 훈련하고 "Worship Arts Team" 및 "Production Arts Team"을 운영하며 '부모가 먼저 하나님이 부여하신 예배의 목적을 달성하도록' 힘을 기울인다. 다음 세대를 강조하기 때문에 더욱 성인 예배에 집중하는 것이다.

동시에 FCD 주일학교는 부모가 자녀를 떼어놓고 예배에 집중할 수 있는 1시간을 만드는데 힘을 쏟는다. 시설을 갖추는 것도, 매력적인 Attractive 다음 세대 예배를 만드는 것도, 영유아를 돌보는 Child care 교사를 확충하는 것도 일차적으로는 부모의 예배를 위한 것이다. 부모가 주일에 은혜를 경험해야 주중에 가정에서 자녀를 사랑할 수 있기 때문이다. 그래서 부활절과 성탄절 이외에는 가족 통합 예배를 하지 않는다. 부모와 자녀가 함께 예배하는 시간은 주일이 아니라 주중이 더 효과적이기 때문이다. 주일의 최우선 목표는 부모가 먼저 예배자로 회복되는 것이다.

겉으로 보기에 FCD는 부모와 자녀를 분리해 사역하는 것 같다. 하지만 이 교회는 지극히 세대 통합적이다. 세대를 잇는 사역은 형식이 아닌 철학이기 때문이다. 각 세대에 대한 전문화된 사역을 통해 가족 내 영적 관계를 형성하는 것이 세대 통합 예배를 드리는 것보다 중요하다. 부모와 자녀가 따로 예배드려도 세대 통합은 이루어질 수 있다. 부모와 자녀가 공통된 영적 경험을 하는 것이 중요하다. 그 경험을 함께 나누고 강화시키는 주일과 주중 사역이 부모와 자녀를 연결한다.

이를 위해 FCA에 속한 모든 교회는 각 예배의 주일 설교 본문과 아웃트라인을 일치시킨다. 연령별로 특화된 예배를 드리지만, 모든 부서는 부모와 자녀가 동일한 영적 경험을 하도록 협력하는 것이다. 각 교회와 부서마다 설교자가 다름에도 불구하고 매주 동일한 주일 설교 본문과 아웃트라인을 사용하는 것이다. 킴벌리는 이렇게 설명한다:

> 매주, 주일에 설교를 하는 모든 캠퍼스의 목회자들은 한 곳에 모여서 주일 설교 본문과 아웃트라인에 대해 이야기합니다. 물론, 전체적인 대화는 총괄 목사인 지미 스카로긴스 Jimmy Scroggins가 이끌지만, 그는 모든 의견들을 조화시키기 위해 모두와 협력합니다

매주 모든 설교자들이 모인다는 것도 놀라웠지만, 같은 본문에 같은 아우트라인을 사용한다는 것은 더욱 놀라웠다. 개인의 욕심을 내려놓고 공통의 목표를 지향해야 가능한 사역이기 때문이다. 미국의 토론 문화와 스크로긴스 목사의 리더십을 제외하더라도 하나님을 향한 각 사역자의 열정이 이 사역을 가능하게 만든다는 생각이 들었다.

여기서 중요한 점은 이들의 협력은 주중 가정예배를 위한 것이라는 사실이다. 일주일에 하루, 부모들이 저녁 식사 시간에 진행하는 가정예배 Family Devotions에서 가족이 대화하는 통로를 '주일설교 본문 일치'로 형성하는 것이다. 세부 내용은 다르더라도 큰 아우트라인이 일치하기에 주일에 받은 설교 노트를 사용해 가정예배를 드릴 수 있는 것이다. 그리고 가정예배를 통한 가족의 영적 경험은 이 교회 전체가 추구하는 '가족 제자 훈련 Family-equipping ministry model'을 강화하는 전략으로 작용하고 있다.

이러한 부모의 예배 강조, 주일 본문 일치를 통한 가정예배 전략은 FCD가 추구하는 '가족 단위로 교회 섬김'으로 강화된다. 실제로 FCD는 5학년(한국 기준 6학년) 어린이들을 리더-봉사자로 섬기도록 독려한다. 이에 대해 에스토넬 목사는 "우리는 미래의 리더를 그들이 5학년이 될 때부터 개발합니다. 그들은 더 어린아이들의 리더로 교회를 섬기고, 6학년(중학생)이 되면 선교 여행에 동참합니다. 그리고 그들이 더 성장하면, 우리 교회는 그들을 인턴이나 풀타임 사역자로 청빙 해서 교회 개척을 위해 훈련합니다. 그 결과 우리 교회는 몇 명의 교회 개척자들을 키워냈습니다."라고 설명한다. 이런 관점에서 "100개의 이웃 교회를 개척한다."는 이 교회의 비전은 실현 가능하다. 100개의 교회는 돈이나 군중이 아닌, 100명의 사역자를 통해 세워지기 때문이다.

FCD는 이와 같은 '가족 목회 시스템'을 통해 다음 세대에게 신앙을 물려주고 있다. 부모에게 이 교회는 가정을 건강하게 만들어 자녀를 함께 키우는 동역자이다. 아이들에게는 그들의 부모와 함께 섬길 수 있는 공동체이고 그 섬김을 통해 제자로 성장할 수 있는 곳이다. 가정과 교회의 협력을 통해 지식-경험 연계 교육이 이루어지고 있는 것이다. 그 열매로 패밀리 처치 연합(FCA)는 지난 10년간 5배 이상의 성장을 기록했다. 스크로긴스 목사가 부임하던 2008년에 1,000명이 조금 안되던 이 교회는 지금 5,000명이 넘게 출석하는 패밀리 처치 연합(FCA)이 되었다.

그런데 여기에는 숫자보다 더 값진 열매가 있다. 이 교회에서 성장한 어린이들이 젊은 사역자가 되어 새로운 교회를 개척하고 있다는 사실이다. 깨어진 가정들을 품어 제자를 만드는 사역을 통해 일어나고 있는 결과다. 이 교회가 추구하는 "다양한 세대 multi-generational, 다양한 문화 multi-cultural, 그리고 다양한 지역 multi-campus"을 복음으로 변화시키는 100개의 교회들을 세우는 비전은 지금도 진행 중이다.

2. 더 빌리지 교회

(The Village Church in Flower Mount, Texas)

2002년에 맷 챈들러 Matt Chandler가 담임 목사로 부임한 이후, 더 빌리지 처치(The Village Church, TVC)는 급속하게 성장했다. 작은 지역교회가 현재는 6개의 캠퍼스에 12,000여 명 이상의 성도가 모이는 대형교회로 성장한 것이다. 비록 TVC는 각 캠퍼스들을 독립시키겠다는 계획을 발표했지만, TVC의 메인 캠퍼스인 플라워마운트 Flower Mount에는 약 5,000여 명의 성도들이 모이고 있다. 이 교회의 가족사역 담당자인 맷 맥컬리 Matt McCauley를 만났다.

그는 TVC에서 16년간 사역하고 있는데 맷 챈들러 목사는 사역 초기부터 가족 목회를 강조해왔다고 말한다. "담임목사인 맷 Matt Chandler은 설교와 교육에서 가족 제자훈련과 자신의 자녀를 제자로 훈련하기 위한 부모의 역할을 매우 분명하게 제시해 왔습니다. 그래서 TVC의 가족 목회는 담임 목회자의 뚜렷한 목회 철학에 근거합니다." 이를 구현하기 위해 TVC는 가족이 함께 살아가도록 돕기 위한 '가정 그룹들 Home Groups'과 위기에 처한 가정의 회복을 돕는 '회복 그룹들 Recovery Groups'을 운영한다. 이 그룹들은 가정을 제자 훈련의 토양으로 만드는 것이 목적이다.

특별히 가정 그룹은 TVC의 가족 목회 Family Ministry가 구현되는 핵심이다. 맥컬리 목사에 의하면, 2018년에 TVC의 플라워마운트 Flower Mount 캠퍼스는 대략 150개의 가정 그룹들을 가지고 있는데 이 그룹

들은 어린이들도 포함한다:

> 자녀들은 반드시 그들의 영성 형성과 제자 훈련을 위해 가정 그룹들에 포함되어야 한다. 왜냐하면 목회는 모든 사람을 대상으로 해야 하기 때문이다. 성인들만 위한 것이 아니다. 아이들도 목회의 대상이다. 그들도 그리스도인의 삶과 교회에 참여/소속하는 것은 단순히 주일 예배에 참석하는 것 이상을 의미한다는 것을 알 필요가 있다. 어린이들도 목회자들이 어른들에게 설교하는 메시지와 동일한 것을 배워야 한다. 이런 의미에서 가족 제자 훈련 시간 Family Discipleship Time 을 지속적으로 강조하고 경험하게 만드는 것은 부모들이 자녀들과 함께 가정에서 자녀를 훈련하도록 격려하고 준비시키는 방법이다.

'가정 그룹들'은 매월 1회씩 모이는 가족 단위 소그룹이다. 영아가 있는 경우 이 모임은 금새 아수라장이 된다. 한국에서 젊은 부부 모임을 진행하다 자주 접한 모습이었다. 그런데 TVC의 가정 그룹은 이런 상황을 당연하게 받아들였다. 오히려 아이들도 동참할 수 있는 시간을 만들어 작은 주일학교를 함께 운영하고 있었다. 부모의 나눔을 중심으로 하는 한국식 부부 소그룹과는 다르게 가정들이 함께 가정 예배를 드리는 시간이었다. 찬양, 말씀, 활동으로 하나 되는 '공동체 가정예배' 시간을 통해 가족 관계를 강화하고 복음적 공동체를 형성하는 것이다.

한국의 아파트 문화에서 TVC 같은 가정 그룹은 비현실적으로 느껴지는 것이 사실이다. 그래서 교회가 가정들을 지원해야 한다. 예를 들어 한 달에 한 번씩 젊은 부부들이 자녀를 데리고 소그룹으로 모일 수 있도록 교회 장소를 제공하는 것이다. 키즈카페나 외부 시설을 대여하는 것도 방법이다. 오히려 한국이기에 더 많은 가능성이 존재할 수도 있다. 중요한 것은 가정들이 함께 모이는 시간과 장소를 교회가 지원해 가족 시간 (Time)을 만드는 것이다.

가정 그룹의 목적은 제자훈련의 토양을 만드는 것이다. 그래서 이 모임은 '가정 그룹 가족 제자훈련 Home Groups Family Discipleship'이라 불리기도 한다. 가족이 함께 보내는 시간 Time을 통해 영적 순간 Moments과 가족 기념일 Milestones을 지원하는 가족 제자훈련 Family Discipleship을 구현하는 것이다. 부모가 자신의 자녀를 제자로 훈련할 수 있도록 교회 공동체가 이끌어가는 통로가 바로 가족 그룹이다.

여기서 중요한 점은 TVC가 추구하는 가족 시간 Time은 '가족이 함께 예배하는 모든 시간'이라는 것이다. 이는 주중과 주일을 모두 포함하는 것이다. 가족이 같은 메시지를 듣고 같은 주제를 대화하는 것을 넘어서 예배를 통해 '같은 영적 경험을 하는 것'은 가족 목회 문화를 만드는데 중요하기 때문이다. 그래서 TVC는 주중에 각 가정의 가정예배를 권장하는 동시에 주일에 4학년 이상의 아이들은 부모와 함께 예배를 드린다. 4학년 이상 자녀들은 부모와 함께 예배하기에 충분한 지적 수준을 가지고 있기 때문이다.

실제로 TVC는 주일에 청소년, 청년 예배가 없다. 여기에 사용할 자원을 영유아와 초등 저학년을 위한 사역에 집중한다. 그렇다고 성인 예배를 간소화하지 않는다. 아이들도 충분히 예배자가 될 수 있다고 믿기 때문이다. 그 결과 TVC의 가족들은 말로는 비언어적 신앙 유산을 만들고 있다. 매주 가족이 함께 드리는 예배를 통해 부모 세대의 신앙이 다음 세대에게 직관적으로 전해지고 있는 것이다.

이러한 '가족이 함께 예배하는 시간'은 영적 순간Moments을 만든다. 복음을 설명할 비의도적인 순간을 포착하는 것이다. 맥컬리 목사는 "가족 제자훈련은 예상하지 못한 어느 순간 하나님이 주신 기회를 통해 일어납니다. 부모는 자녀의 갑작스러운 질문이나 삶에서 일어나는 특정한 순간에 복음을 설명할 준비를 해야 합니다"라고 말한다.

예를 들어 자녀가 "엄마, 하늘은 왜 파란색이야?"라고 질문하는 순간Moment에 하나님의 창조를 설명해 주는 것이 가족 제자훈련의 한 방법이라는 것이다. 가족이 함께하는 시간Time을 통해 하나님께서 주시는 영적 순간Moments을 포착해 복음을 전해주는 것이다.

마지막으로 TVC의 가족 제자훈련은 각 가정이 주도하는 가족 기념일Milestones을 포함한다. 이를 위해 교회가 일정을 정하는 대신, 부모들에게 빈 양식지들을 제공하는데 각 가정마다 독특한 생활 방식을 가지고 있기 때문이다. 모든 가정에 동일하게 적용할 수 있는 제자 훈련 계획은 존재하지 않는다는 것이다. 이런 관점에서 TVC는 부모들에게 가족의 고유한 영적 기념일을 "만들거나make", "정하도록mark" 제안한다. 생일이나 입학 등을 축하해주며 하나님의 은혜를 함께 감사하는 것이다.

특별히 각 가정별로 진행하는 가족 기념일은 획일화된 계획으로 인해 발생할 수 있는 소외되는 아이들을 방지한다. 각 가정 또는 가정 그룹은 또래보다 발달이 늦거나 다른 형태의 성장 과정을 보이는 아이들도 개별적으로 축하하고 격려할 수 있기 때문이다. 개인의 영적 성숙에 영향을 주는 각 가정의 독특한 생활 리듬을 창조하도록 목회적 관심을 기울이는 것이다. 인위적인 행사보다 중요한 것은 각 개인에 대한 관심과 부모의 사랑을 표현하는 시간이기 때문이다.

맥컬리 목사는 TVC의 가족 제자훈련의 특징은 자녀의 신앙훈련을 부모가 주도할 수 있도록 문화를 제공하는 것이라고 말한다. 다양한 형태의 가정이 존재하는 현대 사회에서 부모들의 자발적인 계획과 동참은 이 교회의 가족 목회를 실제로 만드는 핵심 요소이다. 이는 오늘날의 사회문화적 요구에 부응하는데 부모들은 획일화된 계획과 평가 대신 각 가정에게 맞는 실제적인 가족 목회 방법을 원하기 때문이다. 교회는 부모가 자신의 책임을 감당할 수 있도록 공동체가 되어 주는 것이다.

3. 스테이션 힐 교회

(The Church at Station Hill: A Regional Campus of Brentwood Baptist Church in Brentwood, Tennessee)

제이 스트로더 Jay Strother 목사는 에너지 넘치는 사역자다. 짧은 헤

어스타일과 다부진 몸매, 생기있는 눈은 열정을 뿜어낸다. 브렌트우드 침례교회가 개척한 첫 번째 지역 캠퍼스인 스테이션 힐 처치(The Church at Station Hill: A Regional Campus of Brentwood Baptist Church, SHB)를 이끄는 스트로더 목사는 2010년에 50여 가족들과 교회를 개척한 이후 8년 만에 1,000여 명 이상 모이는 교회로 부흥을 경험했다. 가족 목회 Family Ministry를 목회 철학으로 사역한 결과였다.

스테이션 힐 처치(SHB)는 Brentwood Baptist Church의 모든 캠퍼스와 동일한 비전을 공유한다: "언제나, 어디서나, 누구에게나 한 사람의 전 인격을 그리스도의 온전한 복음으로 이끈다." 가족 목회는 이 비전을 이루는 전략인데 스트로더 목사는 오랜 사역 경험과 이론을 겸비하고 있었다. 그는 2018년을 기준으로 SHB의 성도 87%가 매주 가정예배를 드리고 있는데 가정예배는 "예수와 함께 제자를 만드는 예수의 제자들 disciples of Jesus making disciples with Jesus"을 키워내는 시간이라고 설명했다. 그의 설명에는 언제나 '한 사람'이 중심에 있었다.

그는 집을 세우는 것을 비유로 가족 목회를 설명했다. 기초 놓기 Building foundation, 벽 세우기 Walls, 지붕 덮기 Roof, 문 달기 Door, 그리고 창문 만들기 Window의 다섯 단계가 그것이다. 준비해온 종이를 꺼내 설명하는 그의 목소리에는 집중력이 느껴졌다. 다양한 소리가 공존하는 카페 안이었지만, 종이 위를 움직이는 펜 소리까지 들릴 정도였다.

집의 기초Foundation는 '가족들과 함께 복음에 대해 이야기하는 것'이다. 이를 위해 SHB는 주일 설교와 가정예배 커리큘럼을 일치시켜서 "믿음의 대화Faith talks"를 돕는다. 벽 세우기Walls는 정체성과 강한 유대감을 형성하기 위한 '가족의 경험들을 만드는 것'이다. "하나님의 순간들God moments", "기념일 축하하기Celebrating milestones" 그리고 "가족 시간에 우선순위를 두기Setting a priority for family time"는 실제 방법들이다. 다음으로 지붕Roof은 '말씀을 자녀들에게 스며들게 하는 동시에 세상의 영향으로부터 자녀들을 방어하는 것'이다. 이는 성경을 배우고 함께 살아가는 공동체를 제공하는 것이다. 네 번째인 문 달기Door는 '그리스도 안에 정체성을 형성하는 것'을 의미하는데 문은 그 집의 주인이 열고 닫는 곳이기 때문이다. SHB의 경우는 "PLACE Class"와 "Blessing Cards"를 활용해 공동체 안에서 자신과 타인의 정체성을 형성하는 방법을 활용한다. 마지막으로 창문Window은 '선교적 세계관을 가지는 것'이다. 특별히 가족 단위로 선교적인 활동들에 참여하는 것을 강조하는데 "주고Give, 기도하고Pray, 가는 것Go"을 구호로 사용한다.

스트로더 목사는 그의 목회를 "부모들이 자녀들의 삶에 개입함으로 부모와 자녀를 모두 제자로 훈련하는 것"이라고 정의한다. 목회자와 부모의 조화로 시너지를 창조하는 것Synergize은 자녀들의 영적 성장뿐만 아니라 선교적 삶을 살아가는 부모도 만드는 것이라는 의미다. 실제로 부모는 자녀를 가르칠 때 제자로 성장한다. 제자는 다른 제자를 "가르쳐 지키게(마 28:20)" 하는 사명을 가지고 있기 때문이다. 그렇기에 가족 목회는 교회 내부의 영적 건강을 회복하는 사역일 뿐만 아니라 선교적 가정을 세워 세상에 복음을 전하는 사역이기도 하다. 부모와 자녀는 함께 제자로 성장하는 관계다.

4. 서전 커뮤니티 교회 미드타운
(Sojourn Community Church Midtown in Louisville, Kentucky)

"복음과 함께 사람들에게 다가가고, 다양한 문화를 가진 교회를 함께 만들며, 전 세계에 리더들, 교회 개척자들, 그리고 선교사들을 보냄과 동시에 성도들을 매일의 삶에 파송한다"는 비전을 가진 서전 컬렉티브 Sojourn Collective는 같은 비전을 가진 교회들의 집합체다. 그 중 서전 커뮤니티 처치 미드타운(Sojourn Community Church Midtown, SCM)은 2000년에 설립된 이후 계속해서 교회와 가정의 시너자이즈를 추구하고 있다. 제어드 케네디 Jared Kennedy 목사는 2007년부터 이 교회를 섬기고 있는데 현재는 가족 목회자 Pastor of Families로 사역하고 있다. 따뜻한 미소를 가진 케네디 목사는 최근에 남침례 신학교(SBTS) 내 보이스 컬리지 Boyce College에서 가족 목회 Family Ministry를 가르치고 있다.

SCM의 가족 목회는 "북극성 커리큘럼 the North Star Catechism"을 핵

심으로 둔다는 특징이 있다. 가정을 통한 교리 교육 Catechism 을 52주 간 진행하는 것인데 주일학교에서도 커리큘럼으로 활용한다. 교리를 주제로 교회와 부모, 자녀가 소통하는 것이다. 특별히 교리 교육은 기독교 전통에서 중요하게 여겨진 신앙 교육 방법이다. 그래서 교회 와 가정에서 교리를 가르치는 것은 한 사람의 영적 성장과 선교적 삶 을 추구하는 기독교 전통의 회복이다.

교리 교육 자체가 목적은 아니다. 지식적 배움이나 가정의 관계 회 복도 목적이 아니다. 한 사람의 영적 성장을 이루기 위한 전략일 뿐 이다. SCM에서 강조하는 "가정예배 Family worship", "가족 기념일 Milestones". "그리스도인의 정체성을 따라 살아가기 위한 선교적 사역들 Missional works for living out the identity as a Christian"과 같은 가족 목회 프 로그램들의 토대로 교리 교육을 활용하는 것이다. 그리고 이런 프로 그램들의 궁극적인 목적은 '교회와 가정의 시너자이즈로 그리스도의 제자를 키워내는 것'이다.

이를 위해 케네디 목사는 Gospel-Centered Family 및 Sojourn Kids 웹페이지를 통해 부모와 소통한다. 그는 다음과 같이 설명한다:

> 우리는 다음 세대 사역의 커리큘럼들을 통합했습니다. 그래서 매주 2 살부터 5학년까지 모든 아이들은 주일 학교에서 같은 성경의 이야기를 배웁니다. 이는 다양한 연령대의 자녀가 있는 가정이 동일한 내용을 다 룬 가정예배 자료들을 온라인과 오프라인을 통해 제공받도록 돕습니 다. 이를 통해 각 가정은 가정예배를 해야 한다는 인식을 가질 수 있습

니다. 온라인과 오프라인을 통한 목회적인 지원을 제공하는 것이 중요합니다.

SCM은 성인 예배와 주일학교의 주제를 일치시키지는 않는다. 동일한 주제의 설교를 듣지 않아도 부모와 자녀가 소통하도록 도울 수 있기 때문이다. 목회자가 지속적으로 가정예배를 강조하는 동시에 손쉽게 얻을 수 있는 가정예배 자료들을 제공하는 것이다. 주일학교에 맞추려고 성인 예배의 주제를 바꿀 필요가 없다. 바쁜 일상을 살아가는 부모들에게 필요한 것은 예배를 통한 은혜와 교회에서 제공하는 일관되고 접근하기 편리한 커리큘럼이다.

겉으로 보기에 SCM은 가족 목회를 하지 않는 일반적인 교회들과 비슷하다. 어른과 아이들은 따로 예배를 드리고 특별 행사를 자주 개최하지도 않는다. 그러나 이 교회도 지극히 가족적이다. 아이들의 가능성을 믿으며 부모와 함께 복음을 가르치고 있기 때문이다. 케네디 목사는 이렇게 말한다:

> 나는 어린아이들도 진리를 배울 수 있고, 어려운 진리도 이해할 수 있다고 생각합니다. 그래서 나는 매우 어린아이들에게도 신학적 지식들을 가르치는 것을 두려워하지 않습니다.

가정을 강조하다 보면 외적 활동에 시선을 빼앗기는 경우가 있다. 아이들이 지루해하면 안된다는 두려움이 원인이다. 그러면 사역이 어려워진다. 교회는 본질에 집중해야 한다. 눈에 보이는 행사들이나 효과적인 방법론보다 중요한 것은 말씀을 가르치는 것이다. 한 사람을 구원하는 것은 사람이 아닌, 성령 하나님께서 하시는 일이다. 가족 목회도 특별한 것이 아니다. 그저 하나님께서 명령하신 "네 자녀를 부지런히 가르치라"는 명령에 교회와 가정이 함께 순종하는 것 뿐이다.

5. 노스포인트 교회
(North Point Community Church in Alpharetta, Atlanta)

루이스빌 Louisville 에서 애틀랜타 Atlanta 까지는 차로 8시간 가량이 소요된다. 두 아이를 데리고 가니 10시간이 넘는 여정이었다. 그럼에도 노스포인트 교회(North Point Community Church, NPC)는 몇 번을 방문할 가치가 있었다. 한국에도 많이 알려져 있지만, 교회와 가정의 시너자이즈를 이야기할 때 빠뜨릴 수 없는 교회이기 때문이다.

앤디 스탠리 Andy Stanley 목사와 그의 동역자들은 1995년에 NPC를 개척했다. 그때부터 이 교회는 "사람들을 예수 그리스도와 동행하는 관계로 이끄는 것"을 비전으로 존재한다. 이 교회의 공식 통계에 따르면, NPC는 현재 "23,000여 명 이상의 성인들과 14,000여 명 이상의 어린이 및 학생들"이 출석하고 있는데 현재는 일곱 개의 캠퍼스로 분리되어 있다. 그리고 공동 설립 목회자인 레지 조이너^{Reggie Joiner}는 14년간 가족 목회 총괄 지도자로 사역했는데 지금은 리싱크 그룹^{reThink group}의 창립자로 미국의 가정 목회를 이끌고 있다. 그는 지금도 다양한 강연과 컨설팅 사역으로 교회와 가정을 세우고 있다.

　가족 목회는 NPC의 핵심이다. 이 교회의 가족 목회 사역자인 헤더 조단^{Heather Jordan}은 "내가 이 교회에서 자라고 성장하고 사역자가 되면서 배운 점은 앤디 스탠리는 그의 모든 사역 중에서 가족 목회를 가장 강조한다는 것입니다. 그는 가족 목회를 모든 교회가 추구해야 하는 목회의 핵심이라고 믿는 사람입니다."라며 이야기를 시작했다. 교회와 스탠리 목사를 향한 애정이 마음에 다가왔다. 어쩌면 지난 20여 년간 이 교회가 맺은 진정한 열매는 많은 수의 교인이 아니라 교회와 가정의 협력으로 배출된 젊은 목회자들이 아닐까 싶었다.

　특별히 NPC는 어린이들이 매력을 느낄 수 있는 환경을 만드는데 많은 투자를 한다. 어린이 예배실 근처에 들어서니 코끼리 모형이 맞이한다. 조금 뒤에는 울창한 수풀과 동물 캐릭터들이 있고 아이들을 환영하는 교사들이 기다린다. 연령대가 올라가면 화려한 조명과 아이들이 좋아하는 인테리어가 아이들을 맞이한다. 다양한 프로그램은 각 연령별 특성에 적합한 예배 환경에서 빛을 발한다. 예배 환경을 통해 복음을 전하는 접촉점을 만드는 것이다.

　그런데 이런 시설보다 먼저 아이들의 마음을 뺏은 것이 있다. 주차장에서 교회 입구까지 운행하는 '웨건 카트^{Wagon cart}'다. 주차를 마치니 봉사자 분들이 자동차 모양의 웨건 카트를 끌고 온다. 아이들은 이미 마음을 빼앗겼다. 부모의 손을 놓고 카트에 탑승한 아이들은 신나서 교회로 향한다. 주차장이 더 멀었으면 좋겠다던 아이들은 교회에 들어가서 더 즐거워한다. 최근에 개척해서 규모가 작은 귀넷 교회 Gwinnett Church도 마찬가지다. NPC는 좋은 시설보다 먼저 아이들의 마음을 얻는 방법을 알고 있었다.

NPC의 철학을 응축해 보여주는 사역은 키즈스텁 KidStuf이다. 9월부터 5월까지 매월 첫 주 금요일과 주일에 진행하는 이 사역은 "디지털 문화를 활용하여 [부모와 자녀가] 즐겁게 상호 작용하는 경험"을 제공하는 것이 목적이다. 한 예로 키즈스텁 팬 클럽 KidStuf Fan Club은 유튜브를 활용해 역동적인 문화를 만드는 것이 목적이다. 아이들의 문화를 복음의 통로로 활용하려는 NPC의 노력은 온라인과 오프라인을 연결하고 있다.

키즈스텁이 진행되는 공간인 "The Theater"도 3개의 대형 화면과 양질의 음향, 조명 시스템을 보유하고 있다. 이런 환경을 적극 활용해 오프라인과 온라인을 모두 활용한다. 영상에 대한 수용력이 높은 아이들의 특성을 고려한 것이다. 또한 상호 작용을 위한 다양한 노력을 기울이고 있다. 실제로 NPC는 키즈스텁에 가족의 참여를 유발하는 요소들을 배치하는 것 이외에도 "Parentstuf" 웹사이트 및 Facebook page를 운영함으로 가족 목회가 가정에서 실제로 이루어지도록 격려하고 있다. 온라인과 오프라인 모두를 통해서 각 가정이 교회와 협력할 수 있는 실제적인 방법들을 제시하고 있는 것이다.

특별히 키즈스텝에서 매월 제시하는 'God's Big Idea'는 한 달 동안 가정과 교회의 주제가 된다. 주일학교는 이 주제를 가지고 커리큘럼을 진행하고 가정예배 시간을 지원한다. 가족 단위로 모이는 소그룹도 공통의 주제를 다루며 함께 자녀를 키운다. "같은 지역에 살면서 비슷한 인생의 단계를 경험하고 있는 어른들"은 "성경에서 배운 것들을 구현하는 삶을 살도록 서로를 격려할 수 있는" 존재들이기 때문이다. 교회와 가정은 믿음의 공동체를 창조한다는 공통의 목표 아래에서 협력하는 것이다.

인터뷰를 진행하며 만난 또 다른 사역자 마리아 그리핑^{Maria Griffing}은 이러한 '공동체적 삶'은 가족 목회에 필수적이라고 강조한다. 부모에 의해 만들어진 소그룹은 한 개인의 탄생과 성장을 함께 지켜보고 그 개인이 성장한 이후에도 지속적인 관계를 형성하는 영적 공동체이기 때문이다. 필요에 의한 짧은 관계 대신, 평생을 함께하는 깊은 영적 관계로 소그룹을 바라보는 것이다. 그래서 NPC는 교회에서 소그룹을 구성하지 않는다. 성도들의 자발적 필요에 의해 만들어지는 모임이기에 목회자, 훈련도, 목회적 관리도 없다. 그 대신 각 소그룹이 각자의 영적 필요에 의해 스스로 선택할 수 있는 팟캐스트 강의와 책, 매거진 등의 자료들을 제공한다. 이러한 특성으로 인해 NPC의 소그룹들은 인원수 및 모임 방식 등에서 다양한 형태를 가지고 있지만, 그들은 믿음으로 함께 살아가는 공동체를 창조한다는 공통의 목표를 가지고 있다.

이런 의미에서 NPC의 가족 목회는 교회 구성원들이 그리스도를 향해 함께 자라 가는 기회를 제공하는 것이다. 이는 영적 성장에 대한 이 교회의 관점을 보여주는데, 로렌 워너 Loran Wanner 는 이렇게 설명한다:

> 많은 교회들이 불신자들을 대할 때, '우리는 너희보다 우월하기 때문에 우리는 너희를 평가하고 가르칠 수 있다.'고 생각합니다. 하지만 우리 교회는 많은 사람들을 교회로 이끌고 그들이 원하는 더 많은 것들을 하기 위해 문턱을 낮추었습니다. 우리는 영적으로 어린 사람들을 성장하라고 강요하지 않습니다. 영적 성장은 성령께서 이루는 것이기 때문입니다. 우리는 성령께서 일하실 수 있는 기회를 성도들에게 제공할 뿐입니다.

마치 부모가 자녀들에게 다양한 기회들을 제공하고 기다리는 것처럼, NPC는 성도들을 영적 어린아이로 대한다. 교회가 성도들에게 훈련과 성장을 강조하는 대신, 성령께서 성도들의 마음에 역사하셔서 성도들이 스스로 변화하도록 그들을 사랑하며 돌보는 것이 교회의 역할이라고 생각하기 때문이다.

특별히 오늘날의 자기중심적이고 가치 평가적인 사람들에게 NPC는 부모와 자녀의 관계로 접근한다. 종교적 의무를 걷어낸 매력적인 그리스도의 삶을 보여주기 위해 교회의 문턱을 낮추고 영적 성장의 기회들을 제공하는 것이다. 이를 통해 성령께서 성장하게 하시는 그리스도인들을 품어 키우는 것이다. 워너의 설명을 들으며 '정말 이렇게 목회해도 되는가' 의문이 들었다. 한국 목회 문화에서는 수용하기 어려운 이야기라는 생각도 들었다. 그런데 다음 세대 감소로 몸살을 앓고 있는 한국 교회와 비교할 때 NPC의 열매는 놀랍다. 현재 이 교회는 성인과 자녀 비율이 2:1 정도인 지속 가능한 교회로 성장했기 때문이다.

주일 학교의 시설이나 흥미 위주의 프로그램들 때문이 아니었다. 믿음의 가정들을 세우는 가족 목회를 통해 미래를 이끌 인재들을 지속적으로 양성해 온 것이다. 인터뷰를 마치고 나온 복도에서 앤디 스탠리 목사를 만났다. 갑작스러운 만남에 반갑기도 했지만, 이제는 흰머리와 주름살을 숨길 수 없는 나이1958년생가 된 모습에 놀랐다. 간단한 인사를 나누고 인터뷰 이야기를 했다. 다가오는 대답은 이 교회의 미래를 보여주었다: "너무 좋은 사람들과 인터뷰를 했네요. 그들이 나보다 더 잘 압니다. 그들은 여기서 성장했으니까요."

부록 2

로드맵 컨퍼런스_가정사역영역

최근 한국교회에는 가정의 중요성이 대두되었습니다. 부모가 가정에서 모범을 보여야 한다는 이야기는 일반론이 되고 있었습니다. 그러던 중 발생한 코로나19 팬데믹은 부모의 책임을 부각했습니다. 포스트 코로나 시대에도 부모들의 책임은 여전히 강조될 것입니다.

문제는 부모도 연약하다는 것입니다. '엄마도 처음이라서 그래'라는 문장이 말하듯, 갑자기 발생하는 부모의 역할을 미리 경험해 본 사람은 없습니다. 부모의 책임을 인식하고 있더라도 그것을 감당하기에는 버거운 경우가 많습니다. 더군다나 부모의 지극한 보호 아래 성장한 밀레니엄 세대에게 부모 역할은 큰 부담으로 다가오고 있습니다.

신앙 교육의 영역은 더욱 그렇습니다. 부모도 제자로 살아가기 힘든 세상입니다. 가정에서라도 쉬고 싶은 부모에게 가정에서도 모범을 보여야 한다는 말은 부담이 되기도 합니다. 믿음의 가정을 꿈꾸는 것과 그것을 실현하는 것 사이에는 큰 간극이 존재할 때가 많습니다.

그래서 교회의 역할이 중요합니다. 교회는 가정을 세우는 동역자가 되어야 합니다. 부모의 역할을 강조하는 것에 멈춰서는 안 됩니다. 그 역할을 감당할 수 있도록 도와주어야 합니다. 수영로교회 가정사역영역은 이런 시대적 요구를 반영하는 사역을 감당하고 있습니다.

Q. 수영로교회 가정사역영역은 어떤 사역을 하나요?

부모의 사명은 '자녀에게 복음을 전해주는 것'입니다. 그런데 오늘날 많은 가정이 신앙 전수에 무기력합니다. 교회의 급격한 노령화와 젊은 세대의 교회 이탈이 증거입니다. 젊은 세대가 교회를 떠나니 주일학교도 출생률 감소보다 훨씬 빠르게 줄어들고 있습니다. 부모의 신앙이 그들의 자녀에게 전해지지 않은 결과입니다. 더욱이 코로나19는 그 위기를 가중시키고 있습니다. 교회는 심각한 위기를 직면하고 있습니다. 10년 후, 20년 후 교회를 생각한다면 새로운 세대를 품는 목회 대안이 필요합니다.

어떤 대안이 있을까요? 신앙 전수를 위해 우리는 무엇을 할 수 있을까요? 그 해답은 성경에 있습니다. 하나님이 말씀하신 가정의 원형을 회복하는 것입니다. 변하지 않는 복음을 변화하는 세상에 전하는 전략은 본질에서 나옵니다. 부모가 가정에서도 제자로 살도록, 자녀가 그런 부모의 모습을 통해 제자가 되도록 만드는 것입니다. 그러려면 신앙 전수에 대한 하나님의 처음 계획 original design 을 회복해야 합니다. 교회와 가정이 함께 거룩한 다음 세대를 키우는 것입니다.

이를 위해 교회는 부모에게 '전략과 방법을 제시'해야 합니다. 부모의 책임을 감당하기 위한 구체적인 목양을 제공해야 하는 것입니다. 설교와 강의는 좋은 방법입니다. 부모의 역할을 정의하고 그것을 감당할 교회의 전략을 제시해야 할 수 있기 때문입니다. 그리고 구체적인 도구들tools을 제시해야 합니다.

다음으로 교회는 지속적으로 '동기부여' 해야 합니다. 부모의 책임을 감당할 수 있도록 은혜의 자리, 회복의 자리를 만들어야 합니다. 다른 가정의 간증을 공유하거나 어려움을 상담하는 것도 필요합니다. 비슷한 연령의 자녀를 키우는 부모 그룹을 만들어 소통하게 만드는 것도 좋습니다. 혼자서는 지치기 쉬운 부모들을 하나로 묶어주는 역할을 목회자가 감당해야 합니다.

이러한 관점에서 가정사역은 '성경적인 가정을 세우는 것'입니다. 그래서 가정사역영역은 교회 안에 성경적 가족 문화를 만드는 사역과 가정 관련 학교 사역을 총괄하고 있습니다. 그동안 한국 교회에서 '가정 사역'은 주로 세미나 형식의 학교 사역을 중심으로 이루어졌습니다. 다양한 형태의 부부 학교, 어머니학교, 아버지학교, 자녀양육학교 등 가정 관련 학교들은 지금도 좋은 영향력을 발휘하고 있습니다. 수많은 가정들이 학교 사역을 통해 회복되었습니다.

하지만 가정 사역은 더 넓은 차원의 것입니다. 가정을 통해 거룩한 다음 세대를 세워 복음을 전하는 모든 사역이 가정 사역의 범주에 포함됩니다. 부부관계를 회복하는 목적도, 양육 방법론을 배우는 목적도, 믿음의 자녀를 키우는 것도 복음을 위한 것이기 때문입니다. 자녀에게 신앙을 전해주지 못한다면 가정의 존재 목적은 사라집니다.

특별히 코로나19 팬데믹으로 신앙 전수에서 가정의 역할이 부각되었습니다. 자연스럽게 부모와 자녀가 주일을 함께 보내게 되었습니다. 학교 공부도 신앙 교육도 가정이 담당할 수밖에 없는 상황이 발생했습니다. 가정예배 강조도 당연한 것이었습니다. 교회는 가정을 통해 사역할 수 밖에 없는 상황이 열린 것입니다.

이는 비대면 상황에 선택하는 '차선책'이 아닙니다. 가정의 신앙 전수는 성경이 말하는 '최선책'입니다. 어쩌면 하나님은 이 상황을 통해 본래 의도한 제자 양육 방법을 회복하고 계신지도 모릅니다. 교회와 가정의 시너자이즈는 성경적 신앙 전수 방법이기 때문입니다. 코로나19 이후에도 이런 경향은 계속될 것이 분명합니다.

Q. 코로나19 팬데믹 시대에 가정사역영역은 어떤 사역을 했나요?

코로나19가 확산되자 가정의 중요성이 대두되었습니다. "가정은 언제나 오프라인off-line"이기 때문입니다. 전염병을 비롯한 다양한 어려움이 발생하면 가정은 오히려 더 밀접한 관계가 됩니다. 그래서 가정사역영역은 비대면 상황을 그동안 놓쳤던 가정 문화를 회복하는 기회로 활용했습니다.

특별히 '가정예배 문화 만들기'에 집중했습니다. 예배는 가장 강력한 영적 경험이기 때문입니다. 이를 위해 "온라인으로 가정에 접속해 오프라인 문화를 만든다."라는 전략을 세웠습니다. 그리고 영상을 보면서 따라 할 수 있도록 '가정예배 온라인 가이드'를 제작했습니다.

그래서 도널드 휘트니 교수Dr. Donald S. Whitney의 「오늘부터 가정예배」(복있는 사람, 2017)를 기초로 10분 내외의 가정예배를 드리도록 했습니다. 영상 가이드도 4가지 순서(찬양하기, 말씀 읽기, 감사 제목 나누기, 기도하기)로 제작했습니다.

처음에는 텍스트와 음악으로 가이드 영상을 제작했습니다. '가정예배는 교회가 주도해야 한다'는 인식에서 출발한 사역입니다. 주중에 언제든지 영상을 틀어놓고 따라 하기만 하면 가정예배를 드리게 되도록 영상을 제작했습니다. 시간이 지나며 마치 목회자가 거실에 찾아와서 가정예배를 인도하는 것처럼 영상을 제작하게 되었습니다. 처음에는 영상 퀄리티가 낮았습니다. 하지만, 성도분들이 원하는 것은 보기 좋은 영상이 아니었습니다. 위기의 시대를 뚫고 나갈 하나

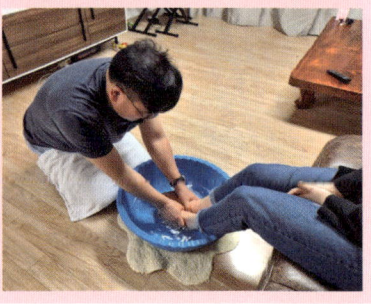

된 마음이었습니다. 팬데믹으로 인해 증가한 가족 시간과 교회에 올 수 없는 환경은 오히려 기회로 작용했습니다. 많은 가정이 온라인을 통해 주일 예배와 주일학교 예배를 드리게 되었고 자연스럽게 가정예배를 시작하게 되었습니다.

온라인 사역의 목표는 '오프라인 문화 만들기'입니다. 말씀과 기

도를 가정 문화로 만드는 것입니다. 가정은 본래 예배 공동체로 창조되었기에 가정의 원형 original design을 회복하는 것입니다. 이를 위해 "토요일 저녁, 9시 가정예배"를 시작했습니다. 교회가 가정예배를 주도하며 부모가 자신의 역할을 감당할 수 있도록 전략과 방법을 제시하고 매주 동기부여하는 사역이 시작된 것입니다.

이 사역은 한국 교회가 잃어버린 신앙 유산이 '토요일 저녁에 주일을 준비하는 문화'라는 생각에 기초합니다. 본래 토요일 저녁은 주일을 준비하는 시간이었습니다. 종교개혁자들도, 청교도들도 토요일 저녁을 매우 중요하게 여겼습니다. 자녀와 함께 가정예배를 드리며 주일을 준비하는 시간을 통해 전인격적인 신앙 교육을 한 것입니다. 팬데믹은 이 신앙 유산을 회복할 수 있는 좋은 기회가 되었습니다.

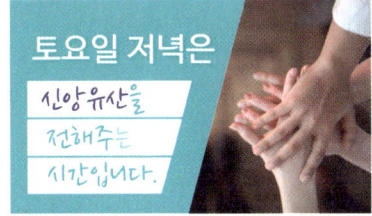

"거룩한 주일은 토요일 저녁에 시작됩니다."라는 슬로건을 걸었습니다. '아름다운 신앙유산 만들기'로 동기를 부여하며 거룩한

가정 문화, 교회 문화를 만들어야 한다고 권면했습니다. 카카오톡 채널과 페이스북 페이지를 통해 성도들과 소통하며 사역을 진행했습니다. 영상을 따라 하는 것이 불편한 가정들은 자체적으로 가정예배를 드리고 있습니다. 교안을 활용하는 경우도 있고 큐티나 성경 읽기를 활용하는 경우도 있습니다. 하지만, 영상을 활용하는 가정도 많이 있습니다. 특별히 영상 가이드를 활용하면 부모의 부담이 줄어드는 장점이 있었습니다. 혼자 예배하거나 부부만 있는 가정도 가정예배를 드리게 되었다는 간증도 있었습니다. 교회와 함께 가정예배를 세워가는 시간에 많은 가정이 동참하고 있습니다.

2021년 6월부터는 '열매맺는 가정예배'를 진행하고 있습니다. 성령의 아홉 가지 열매를 주제로 진행하는 가정예배 커리큘럼인데 같은 교안을 가지고 진행하니 동참하는 가정들 간 연합이 이루어지고 있습니다. 매주 영상가이드와 교안을 제공하고 온라인으로 소통하며 가정예배 그룹을 만드는 것입니다. 아울러 취학 아이들에게는 '칭찬 스티커'를 배부해 가정에서 성품 교육과 연계해 가정예배를 진행하고 있습니다.

Q. 가정예배 문화를 만드는 데 어려움은 무엇이었나요?

한국 교회 안에는 가정예배에 대한 오해와 거부감이 있습니다. 이 두 가지는 가정예배 문화 형성을 방해합니다. 부모들의 도전과 지속을 가로막기 때문입니다. 그래서 교회는 가정예배에 대한 오해를 극복해야 합니다. 수영로교회의 경우도 가정예배에 대한 인식을 새롭게 하기 위한 사역을 지속하고 있습니다.

가장 큰 오해는 가정예배를 '어린 자녀가 있는 가정을 위한 것'이라는 인식입니다. 자녀에게 초점을 맞추다 보니 예배의 본질이 사라진 것입니다. 가정예배에 대한 거부감도 큽니다. 어렸을 때 가정예배에서 은혜보다 상처를 많이 받아서 '이럴 바에야 안 하는 게 낫다.'라고 생각하는 것입니다. 이런 현상은 가정예배를 '예배 worship' 보다는 '교육 education 혹은 훈육 discipline'을 위한 시간으로 활용한 결과입니다. 하나님께 초점을 맞춘 시간이 아니라 서로에게 초점을 맞춘 것입니다. 그러다 보니 자연스레 부모도, 자녀도 가정예배를 부담스럽게 여기게 되었습니다.

이런 인식은 잘못된 것입니다. 가정예배는 특정한 가정만의 전유물이 아니라 모든 믿는 자가 해야 하는 것이기 때문입니다. 가정예배라는 단어를 들으면 아빠, 엄마, 아이들이 함께 앉아있는 이미지를 떠올리면 안 됩니다. 혼자서라도 집에서 말씀 읽고 기도하면 그것이 가정예배가 될 수 있습니다. 아니, 혼자이기에 더욱 쉬운 것이 가정예배입니다. 다른 가족의 눈치를 보거나 시간을 맞출 필요 없이 혼자 시간을 정해 예배드리면 되기 때문입니다. 혼자여도 괜찮다. 찬양을 부르거나 듣는 시간을 갖고 말씀을 읽은 후에 믿지 않는 가족을 위해 기도하는 시간을 가지면 충분합니다. 그리고 하나님을 향한 감사의 고백을 기록할 수 있습니다. 그 기록은 자녀들에게 남겨질 귀중한 '신앙 유산'이 됩니다.

가정예배의 원형은 부모의 예배였습니다. 하나님은 아담과 하와가 자녀를 낳기 전부터 교제하기 원하셨습니다(창 3:8). 그래서 자녀는 가정예배의 조건이 아닙니다. 자녀가 동참하지 않아도 가정예배는 드려야 하는 것입니다. 가정예배의 시작점은 부모입니다. 이 인식이 가정예배를 지속하게 만듭니다. 자녀가 동참하지 않아서 가정예배를 못 드린다는 말은 잘못된 인식에 기인한 것입니다. 처음부터 가정예배에 적극적으로 동참하는 자녀는 희귀합니다. 자녀는 예배하는 부모를 보며 조금씩 변화됩니다. 부모가 먼저 가정예배를 지속하면 어느 순간 자녀가 동참하게 되는 것입니다. 부모가 중요합니다.

Q. 어려움을 해결하는 방법은 무엇이었나요?

먼저 '가정예배는 어린 자녀가 있는 가정만 할 수 있다'는 오해를 제거하기 위해 "부모 가정예배"를 진행했습니다. "가정예배의 주체는 부모입니다."라는 슬로건을 걸고 성경적 부부관계 및 자녀양육, 가정예배 방법론을 미니 강의로 다뤘습니다. 자녀가 가정예배를 드리도록 만드는 방법은 잔소리나 보상이 아닌, 먼저 예배하는 부모의

모습을 보여주는 것이라고 권면했습니다. 동시에 다양한 채널을 통해 가정예배에 대한 인식 전환 사역을 진행했습니다. 주일학교 강연, 부모세미나 등은 좋은 기회였습니다.

동시에 '토요일 저녁, 9시 가정예배'를 통해서도 누구나 가정예배에 동참하도록 권면했습니다. 자녀를 출가시킨 부모나 혼자 예배하는 분들이라도 '일주일에 1번이라도 가정예배를 드리는 것은 다음 세대에게 물려줄 신앙 유산을 함께 만드는 것'이라고 권면했습니다. 교회 전체가 '영적 가족'이기 때문입니다. 개인의 가정예배가 모여 교회 문화를 만들면 그것이 신앙 유산이 된다는 관점을 계속 강조하고 있습니다.

특별히 2020년 추석에 진행한 '담임목사님과 함께하는 실시간 추석 가정예배'는 매우 좋은 반응이 있었습니다. 비대면 상황에 교회가 하나 되는 느낌을 받았다, 진짜 가정예배를 드린 것 같았다, 혼자여서 외로웠는데 온라인으로 예배드려서 위로가 되었다 등 긍정적인 반응이 많았습니다. 건축 중인 경주 수양관에서도 추석 특집으로 토요일 저녁, 9시 가정예배를 진행했는데 교회의 주요 사역과 가정예배를 결합해 성도들의 많은 관심을 받았기도 했습니다.

이와 같이 온라인 사역을 통해서 가정예배에 대한 인식을 개선할 수 있습니다. 글이나 말보다 훨씬 직관적인 경험 교육이 가능하기 때문입니다. 가정예배는 이런 것이다 말하기보다 그저 가정예배를 함께 드리는 방식입니다. 그 결과 수영로교회에는 가정예배 문화가 형성되고 있다고 평가합니다.

Q. 토요일 저녁에 특별 사역을 진행한 이유는 무엇이고 어떤 사역을 진행했나요?

사역을 진행하다 보니 이론적인 어려움 외에 '실제적인 어려움'도 발생했습니다. 매주 반복되는 영상과 콘텐츠에 대한 피로감입니다. 시간이 갈수록 성도들의 동참이 떨어지는 현상이 발생했습니다. 그래서 다양한 형태의 '특별 가정예배'를 진행했습니다. 성도들에게 지속적으로 동기를 부여하고 새롭게 동참할 기회를 제공하는 것입니다. 구체적인 사역은 온라인 말씀기도, 특새 콘서트, 수영로 HiStory 가정예배 등입니다.

"온라인 말씀기도"는 수영로교회에서 오랫동안 진행한 M.I.P. 사역 Moms In Prayer, 기도하는 엄마들이 있기에 가능했습니다. 2021년 2월부터 진행한 이 사역은 매월 1회 토요일 저녁, 9시 가정예배 시간에 '가족이 함께 기도하는 온라인 모임'을 진행하는 것입니다. MIP의 4단계 말씀 기도를 따라 유튜브의 실시간 댓글창에 '댓글 기도'로 동참하는 형식입니다. 특별히 3040세대 엄마들과 자녀들이 많이 동참하고 있는데 젊은 가정들을 기도로 연합하는 사역으로 활용하고 있습니다.

"특새 콘서트"도 토요일 저녁, 9시 가정예배에 생기를 불어넣는 사역입니다. 교회의 영적 흐름을 만드는 연말연초 특새와 고난주간 특새, 영권 회복 특새에 맞춰 '토요일 저녁 가족 시간'을 진행하는 것입니다. 특새에서 받은 은혜를 찬양으로 나누거나 다가올 특새를 기대하며 찬양하는 시간을 가졌습니다. 이런 시간을 통해 영적 가족의 소통이 가능했습니다. 코로나 이전에는 그냥 스쳐 갔을 교회 가족들의 이야기를 통해 하나님을 만나는 경험을 하는 것입니다.

"수영로 HiStory 가정예배"는 가족이 함께 교회의 역사를 접하며 신앙 정체성을 형성하는 시간입니다. 개인의 정체성이 개인과 가정의 역사에서 형성되듯, 신앙 정체성은 교회의 역사를 통해 형성되기 때

문입니다. 매주 10~15분 정도로 제작된 교회의 역사 영상을 가족이 함께 보면서 살아계신 하나님을 만나는 것입니다. 믿음의 증인과 역사적인 자료들을 통해 신앙 전수의 통로를 만드는 시간입니다.

이런 특별 사역들은 '토요일 저녁 가족 시간'을 만드는 촉매제입니다. 가정예배의 가장 큰 어려움은 '지속하는 것'이기에 잠시 가정예배를 멈춘 가족들에게 새로운 동기를 제공하는 것입니다. 온라인 사역을 통해 교회가 지속적으로 가정을 독려하는 것입니다. 가족이 함께 하나님에 대한 이야기를 나누는 문화를 만들기 위한 교회의 노력입니다.

Q. 포스트 코로나 시대에는 어떤 사역을 진행할 계획인가요?

2007년부터 학문적 태동을 시작한 미국의 Family Ministry는 수영로교회 가정사역영역의 철학입니다. 그리고 아래 제시한 세 가지 전략은 실제적인 방법을 제시합니다. 비대면 상황인 2020년과 2021년에는 가장 기초가 되는 '가정예배'에 초점을 맞춰 사역했습니다. 이후 포스트 코로나 시대에는 '가족 성장 프로세스'와 '가족 경험'을 진행할 것입니다.

가정의 역할은 시간이 갈수록 증가할 것입니다. 위기의 때를 경험한 사람들은 '결국 가족이 남는다.'는 것을 체감했기 때문입니다. 교회 안에도 이런 영향은 계속될 것입니다. 가족 시간의 확대와 자녀

가정예배 & 믿음의 순간 Family Worship, Aha! Moments	가족 성장 프로세스 Milestones	가족 경험 Family Experiences
찬양, 말씀, 감사, 기도 4가지로 이루어진 쉬운 가정예배 : 가정예배의 주체를 '부모'로 설정	자녀의 성장을 여러 단계로 나눈 후 각 단계(Milestones)를 교회가 함께 축복/훈련하는 목회 시스템	가족이 '영적 경험'을 공유하며 하나님을 경험할 수 있도록 돕는 교회가 진행하는 가족 프로그램

양육에 대한 관심은 이전보다 더 증가할 것으로 예상할 수 있습니다. 교회는 이런 시대사조를 목회에 활용해야 합니다. 교회와 가정은 함께 세워가야 하는 동역자이기 때문입니다.

이를 위해 교회는 온라인과 오프라인을 모두 활용해야 합니다. 이제는 올-라인 All-line 사역이 필요합니다. 수영로교회 가정사역영역의 경우 현재 온라인으로 진행하는 '토요일 저녁, 9시 가정예배'를 지속하는 동시에 오프라인에서 '가족 성장 프로세스'와 '가족 경험' '가정 관련 학교'를 진행할 것입니다. 포스트 코로나 시대에는 더 많은 가능성이 열릴 것입니다.

우선 "토요일 저녁, 9시 가정예배"는 온라인을 기반으로 지속할 것입니다. 온라인의 장점은 계속 활용해야 합니다. 그리고 오프라인 문화를 계속 만들어야 합니다. 교안과 활동자료, 대면 모임 등을 통해 가정 문화를 세우는 작업입니다. 이와 함께 가정예배 동역자 그룹을 형성하고 그들이 오프라인으로 모일 수 있는 사역을 계속 열어갈 것입니다.

다음은 '가족 성장 프로세스 Milestones'입니다. 이는 한 사람의 성장에 동행하는 교회가 되는 것입니다. 가족은 성장하기 때문입니다. 신혼부부는 아이를 낳고, 그 아이는 커서 어른이 됩니다. 이 과정은 단계마다 전혀 다른 필요를 가집니다. 이제 막 출산한 가정과 초등학교에 입학하는 자녀를 둔 가정은 전혀 다른 삶의 양상을 가집니다. 그래서 교회는 각 단계에 맞는 목양을 제공해야 합니다. '가족 성장 프로세스 Milestones'는 가족의 변화에 적절히 대응하기 위한 '목회 시스템'을 의미합니다. 교회의 필요에 따라 구분한 각 단계마다 '부모'와 '자녀'에게 제공할 사역들을 나열하는 것입니다.

*각 단계별로 부모와 자녀를 대상으로 한 프로그램 진행: 세대별 훈련 & 세대 간 경험 사역

예) Milestone_3: 초등학교 입학 부모: '학교별 학부모 기도모임' 자녀: '입학 캠프' 등

Milestone_0: 결혼, 독립 부모: '새로운 신혼기 세미나' 자녀: '결혼예비학교' 등

밀레니엄 세대는 '부모의 역할에 대한 두려움'을 가지고 있습니다. 갈수록 어려워지는 사회 환경과 결혼과 육아에 대한 부정적인 인식은 그들의 부담을 더욱 가중시키고 있습니다. 결혼을 '선택'으로 만들어버린 이 시대에 '결혼을 선택한' 젊은 세대는 그들의 선택이 옳았음을 증명하려고 합니다. 그 헛된 부담감은 자녀 양육으로 집중되고 있습니다.

그래서 교회는 3040세대의 가정을 목양해야 합니다. 그들을 지원하고 격려해야 할 뿐 아니라 성경적인 관점을 갖도록 가르쳐야 합니다. 출산한 부모들에게 선물을 주는 정도로는 안 됩니다. 육아의 방

[마일스톤]

법을 가르치고 고민을 듣고 도와주어야 합니다. 신앙생활을 포기하지 않도록 물리적인 지원도 필요합니다. 사춘기에 접어든 자녀를 둔 부모의 고민도 들어야 합니다. 그들에게 필요한 강의를 제공하고 아이들과 소통할 수 있는 프로그램을 진행할 필요도 있습니다. 자녀들의 이야기를 들어줄 누군가를 만들어주고 그들이 잘못된 길로 빠지지 않도록 보호하는 역할도 감당해야 합니다. 교회는 자녀를 함께 키우는 영적 공동체, 영적 대가족이 되어야 합니다.

세 번째는 가족 경험 Family Experiences 을 만드는 것입니다. 교회는 가족이 함께 '영적 경험'을 공유하는 기회를 제공할 수 있습니다. 가족은 '관계'입니다. 신앙도 관계를 통해 전해집니다. 그래서 가정을 말씀과 기도로 세우는 사역은 관계 회복과 병행해야 합니다. '가족 경험'은 가족 관계를 회복하는 사역입니다. 부부 관계, 부모자녀 관계, 조부모 관계를 세우기 위해 즐거운 시간을 만드는 것입니다.

하지만 즐거움이 목표는 아닙니다. 가족 경험은 '영적 경험'이 목표입니다. 관계를 회복하는 목적은 언제나 사랑과 용서입니다. 십자가의 사랑이 가정을 다스리도록 만드는 것입니다. 허다한 죄를 덮는 사랑을 경험해 가정에 신앙 전수 문화를 만드는 것이 가족 경험 사역입

니다. 아래 제시한 4가지 프로그램은 사역의 예시입니다. 이외에도 얼마든지 다양한 사역을 진행하며 가족의 영적 경험을 만들 수 있습니다.

- 경주 수양관을 활용한 '가족 캠프' & '남자, 여자, 부녀, 모자, 조손 모임' 등 진행
- 패밀리 페스티벌: 매월 1회 교회에서 진행하는 '가족 모임 시간'
  (모델: 노스포인트, 키즈스텝 KidStuf)
- 데이트 IN / OUT: 3040세대 부부를 위한 프로그램(교구와 접촉점 형성)
- 가족 단위 섬김 / 선교사역: 가족이 영적인 경험을 공유하며 직관적인 신앙 교육 기회 제공

    마지막으로 가정 관련 학교를 재개할 것입니다. 수영로교회에서 오랫동안 진행한 결혼예비학교, 젊은부부학교, 부부행복학교를 회복해야 합니다. 포스트 코로나 시대에도 '가정 관련 학교 사역'은 중요하기 때문입니다. 가정에 대해, 부부에 대해, 자녀와의 관계에 대해 이해하는 것은 가족 관계를 보호하기 때문입니다. 수영로교회는 지난 수십 년간 결혼예비학교, 젊은부부학교, 부부행복학교를 운영해 왔습니다. 비대면 상황에 잠시 멈추어 있지만, 포스트 코로나 시대에는 다시 재개할 것입니다.

    그러나 전략은 달라질 것입니다. 이전에는 각 학교가 독립적으로 운영되었기 때문입니다. 가정의 행복, 관계 회복이 주요 주제가 되었기 때문입니다. 이제는 '제자화'라는 큰 틀에서 '부부가 함께 제자로

성장하는 과정'으로 학교를 디자인해야 합니다.

이를 위해서는 세 학교를 '가족 성장 프로세스Milestones'에 편입시켜야 합니다. 각 학교를 독립적으로 운영하는 대신, 가족이 성장하는 과정에 동행하는 기관들로 만드는 것입니다. 예를 들어 'Milestone_0: 결혼'에 해당되는 부부는 '결혼예비학교'를 수강합니다. 이후에 아이를 출산하고 'Milestone_2: 유아세례' 시기가 되면 '젊은부부학교'를 수강합니다. 그러면 비슷한 연령대의 자녀를 둔 가정들이 모이게 되고 교회의 '사랑방'도 강화될 수 있습니다. 그다음에는 'Milestone_5: 세례/입교' 시기에 들어가면 '부부행복학교'를 수강합니다. 자녀를 어느 정도 키워 놓은 부모들이 제자로 살아가도록 교육하며 새로운 삶의 패턴을 만드는 것입니다.

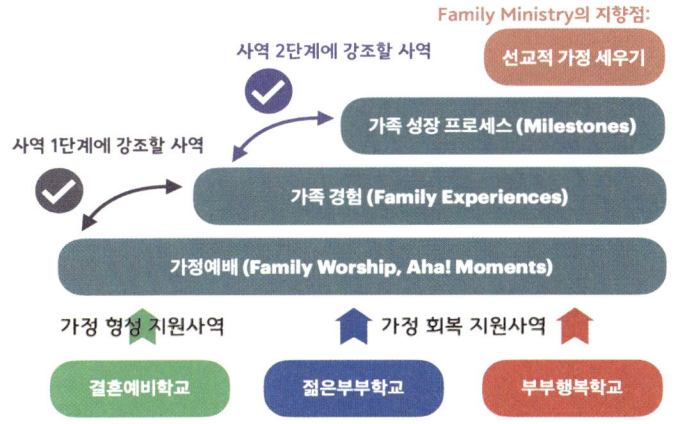

앞에 설명한 네 가지 사역을 통해 '성경이 말하는 가정과 교회의 원형 original design'을 회복하는 것이 가정사역영역의 목표입니다. 가족의 창조 목적인 '선교적 가정'을 회복하는 것입니다. 혼란스러운 팬데믹 시대에도 하나님은 새 일을 행하셨습니다. 온라인은 새로운 사역의 지경을 만들었고 가정은 온라인 사역을 통해 새로운 가능성을 발견했습니다. 이제는 포스트 코로나를 준비합니다. 팬데믹으로 형성된 '뉴노멀'은 이제 '또 다른 뉴노멀'로 연결될 것입니다. 변화의 시기에 새로운 기회가 기다리고 있을 것입니다.

이 시기에 수영로교회 가정사역영역은 '가정의 문화를 만드는 사역'을 계속할 것입니다. 신앙은 문화로 전해지기 때문입니다. 가정에 말씀과 기도 문화를 세우도록 '가정예배', '가족 성장 프로세스', '가족 경험', '가정 관련 학교' 사역을 진행할 것입니다. 이런 사역들을 통해 부모가 자신의 책임을 다하도록 훈련하고 지원하는 것입니다. 온라인과 오프라인을 모두 활용해야 합니다. 신앙 유산은 문화로 전해지기에 계속해서 아름다운 신앙 유산을 만들어 갈 것입니다.

부록 3

가족 훈련 목회의 세 가지 철학적 뿌리

사회가 변하면 가정 사역의 전략과 방법도 변화한다. 사회의 일원으로 살아가는 가정은 사회의 변화에 영향 받기 때문이다. 새로운 세상을 살아가야 하는 가정들에게 새로운 목회적 필요가 발생하는 것이다. 그래서 목회자들은 본능적으로 가정 목회를 발전시켜왔다. 가정 사역은 학문이 아닌 사역 현장에서 탄생하고 발전했다.

미국 교회사에는 가정 사역의 세 가지 철학적 뿌리가 등장하는데 "포괄적인 협력 모델a comprehensive-coordinative model"과 "세분화된 프로그램 모델a segmented-programmatic model" 그리고 "교육적 프로그램 모델an educational-programmatic model"이다. 이 세 가지 모델은 시대의 변화에 따른 비의도적인 대응organic responses이었다. 누군가에 의해 만들어진 전략이 아니기에 정형화된 틀이 없었다. 그저 자연스럽게 목회 철학의 일부로 여겨지며 발전해왔다. 이 모델들은 오늘날 교회가 어떤 가정 사역을 추구해야 하는지 이론적 토대를 제공한다.

첫 번째로 포괄적인 협력 모델은 19세기 목회자인 사무엘 다이크 Samuel W. Dike의 사역으로 설명할 수 있다. 그는 했는데 '하나님이 부모에게 부여한 역할 God-ordained role은 자녀들의 삶에 개입하는 제자 훈련자'라고 강조하면서 '기존의 교회 프로그램들을 기독교적 가정 교육과 연계'시켰다. 부모의 본래 역할을 회복해 가정을 통한 신앙 전수를 추구한 것이다. 이는 교회와 각 가정의 연합으로 이루어지는 것이었다. 연령별 구분은 고려하지 않았기에 포괄적 협력 모델 a comprehensive-coordinative model이라는 이름을 사용했다.

다이크의 사역은 시대 변화를 반영한다. 당시는 산업 혁명으로 인한 급격한 경제 성장과 공교육 발달로 가족이 파편화되고 있었기 때문이다. 자녀로부터 급속히 멀어지는 부모를 일깨워 신앙 전수자의 책임을 회복하려는 노력이 사역의 한 형태로 구현된 것이다. 성경이 말하는 가정을 회복하기 위한 열망이 자연스럽게 사역의 모습으로 자리 잡은 것이다.

이를 위해 다이크는 '가정부서 Home Department'라는 조직을 만들었다. 그리고 믿지 않는 부모까지 사역 대상으로 설정했다. 그는 가정부서 Home Department로 가정을 강조하면서 발생한 가장 큰 장점은 목회자와 교회를 불신자들에게 다가가도록 돕는다는 것이었다. 많은 이들이 가정에 대한 고민을 가지고 있었기 때문이다. 다이크는 '이 장점 하나만으로도 그것을 운영하는 시간과 노력의 비용을 갚고도 남는다.'라고 기록했다. 가정 사역의 이유를 복음 전파로 제시한 것이다. 이런 관점은 오늘날 교회에도 가정 사역의 한계를 확장한다. 가정 사역은 행복한 가정을 세우기 위한 사역이 아닌, 불신자 가정에 복음을 전하기 위한 대위 임령의 실천 전략이다.

두 번째로 세분화된 프로그램 모델 A Segmented-programmatic Model 은 연령별 사역에서 발전했다. 주일학교의 등장으로 나타난 전문 목회자들 중 가정과 함께 자녀를 키워야 한다는 인식이 발생한 것이다. 이들은 '각 세대를 각자의 환경에 맞게 통합하는 것'을 목적으로 설정했다. 그리고 자녀에게 성경적 가치관을 전달하려는 열망을 가진 부모들을 사역 대상으로 삼았다. 교회에서 다음 세대를 위한 사역을 진행할 때 부모의 적극적인 동참을 요청하는 것이다.

이 모델이 포괄적 협력 모델과 다른 점은 연령별 프로그램들을 사용한다는 것이다. 가정을 기반으로 한 신앙 교육을 강조하지만 모든 사역의 주도권은 교육 전문가에게 있다. 교회는 사역에 부모의 참여를 요청하며 가정에서 활용할 프로그램을 제공하는 것이다. 현재 한국의 주일학교에는 이 모델의 영향을 받은 경우가 많은데 부모의 역할이 피동적으로 변할 수 있다는 약점이 있다.

세 번째로 교육적 프로그램 모델 An Educational-programmatic Model 은 가족 관련 학교를 운영하는 것이다. 가족 관계 건강도를 향상시키는 것을 목적으로 '위기에 빠진 가족들을 치료하는 프로그램들 Ambulance Programs과 미래의 문제를 예방하기 위한 프로그램들 Guardrail Programs을 포함하는 "가족생활 교육 Family Life Education"을 진행한다. 이런 관점에서 다이애나 R. 갈랜드Diana R. Garland는 가족 목회를 "직접적 또는 비 직접적으로 (1) 회중 공동체에서 가족을 형성하는 모든 활동; (2) 그리스도인들의 가족 관계에서 그리스도를 닮은 정도를 증가시키는 모든 활동; 또는 (3) 함께 부름 받은 일을 하도록 가족을 훈련하고 지원하는 모든 활동"으로 정의한다. 찰스 M. 셀Charles M. Sell도 가족 사역은 "가족 구성원이 자신을 이해하고 그들이 어떠한 행동을 하는 이유를 다룰 수 있도록 돕기 위한 '치료 전략'을 포함해야 한다."라고 정의한다. 가족 관계를 향상시키기 위한 교육적, 심리적 접근이 필요하다는 것이다.

그동안 한국 교회에서 추구한 가정 사역은 이 모델의 영향이 크다. 전문가에 의한 상담과 강의로 가족의 관계를 향상시키는 것이다. 현대 사회의 문화를 고려할 때 이 모델은 필요하다. 앞으로도 그 중요성은 증가할 것이다. 그러나 이 모델은 사람들의 필요에서 출발한다는 단점이 있다. 특별한 문제나 요구가 있는 가정만 사역의 대상으로 삼게 되는 것이다. 그러면 가정 사역은 목회의 영역에서 분리되고 '특별한 사역'으로 여겨진다.

가정 사역을 특별한 사역으로 여기면 신앙 전수가 부자연스러워진다. 부모에 의한 자연스러운 신앙 전수보다는 가족 관계를 향상시키기 위한 의도적인 프로그램을 강조하게 되는 것이다. 문제는 신앙은 관계로 전해지지 않는다는 사실이다. 부모와 자녀가 아무리 좋은 관계를 유지한다고 하라도 영적 경험을 공유하지 않으면 신앙은 전해지지 않는다. 화목한 가정은 될 수 있어도 믿음의 가정은 될 수 없는 것이다.

가정 사역의 세 가지 현대적 모델

이러한 세 가지 가정 사역의 철학적 토대는 세 가지 현대적 모델로 발전되었다. 가족 기반 모델family-based model, 가족 훈련 모델family-equipping model, 그리고 가족 통합 모델family-integrated model이다. 세 가지 모델은 우월이 없다. 각 교회의 상황에 맞는 전략이 중요할 뿐이다. 그래서 각 모델과 교회를 이해하고 효과적으로 적용하는 것이 필요하다.

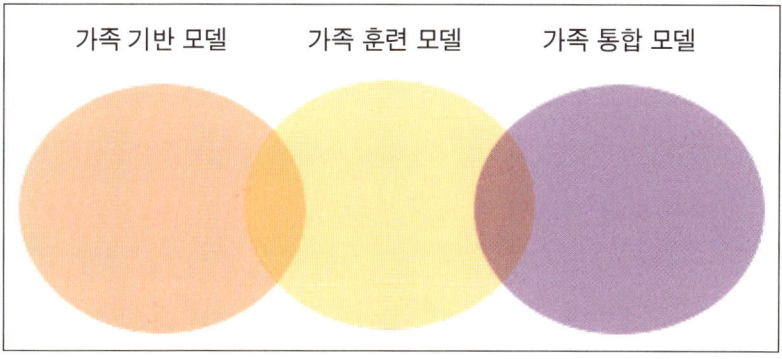

그림 1. 가족 목회의 세 가지 현대적 모델들

가족 기반 모델Family-based model

가족 기반 모델은 전통적인 교회 조직을 유지하며 가정 사역을 주도하며 '가족 같은 교회'를 만들기 위해 교회가 다양한 '가족 친화적 프로그램들'을 주관한다. 이는 주일학교의 전통적인 세대별 구분을 그대로 유지한 채 '몇몇의 세대 통합 커리큘럼, 활동들, 그리고 행사들'을 도입하는 것이다. 이를 통해 교회 구성원들이 가족의 중요성을 깨닫고 부모가 주도하는 신앙 전수를 추구하게 만든다.

이 모델이 기존의 교회 구조를 유지하는 이유는 "유연성과 균형flexibility and balance" 때문이다. 브랜든 실즈Brandon Shields는 이렇게 설명한다.

> 이 철학을 뒷받침하는 두 가지 핵심 가치는 유연성과 균형이다. 가족 기반 모델의 지지자들은 모든 교회마다 문화가 다르다는 것과 사역 모델의 효과적인 적응이 중요하다는 것을 알고 있기 때문에 유연성을 중요하게 생각한다. 또한 그들은 평범한 그리스도인 가정에 대해 제자 훈련을 강조하는 것이 중요하다고는 하더라도 오늘날 대부분의 청소년과 어린이들이 온전한 기독교 가정에서 자라고 있지 않는다는 것을 인식하고 있기 때문에 균형을 깨닫게 된다. 가족 기반 모델은 기독교 가정들을 그들이 존재하는 곳에서 지지할 뿐만 아니라, 동시에 적극적이며 의도적으로 비기독교 가족들도 예수 그리스도의 변화의 메시지에 참여하도록 돕는다.

매우 현실적인 관점이다. 현대 사회의 많은 가정은 깨어진 상태에 있다. 이런 상황에서 가정의 책임을 강조하는 것은 쉽지 않다. 가정이 자녀를 제자로 키워낼 능력이 부족하다면 교회가 가정을 도와야 하는 것이다.

같은 관점에서 마크 데브리즈Mark DeVries는 확대된 가족으로서 교회의 역할을 강조하는 "청소년 사역 모델the Youth-ministry model"을 제시한다. 이 모델의 관심은 다음 세대의 성장에 있다. '젊은이들을 성숙한 기독교인으로 훈련시키기 위해' 가족을 활용하는 것이다. 그래서 부모의 주요 역할은 목회자들이 가족 친화적인 프로그램들을 효과적으로 시행할 수 있도록 '돕는 것'이 된다.

한국의 목회 환경에서 가족 기반 모델은 기성 교회에 적용하기 쉽다는 장점이 있다. 목회 구조의 급격한 변화를 요구하지 않기에 교회 구성원들의 심리적 거부감이 적기 때문이다. 또한 이 모델은 목회자가 사역을 주도하기에 실행에도 용이하다. 깨어진 가정에서 성장하는 아이들을 배려할 수 있다는 장점도 있다. 지역 교회가 확대된 가족 역할을 감당하기에 불신 가정에서 성장하는 아이들에게 복음을 전할 수도 있다.

반면에 가족 기반 모델은 가정 사역에 대한 잘못된 이해를 가져올 수 있다는 단점이 있다. 가정 사역은 가족 친화적인 프로그램들을 도입하는 것이 아니기 때문이다. 부분적인 프로그램에 집중하면 본래 목적을 잃어버릴 수 있다. 그래서 폴 렌프로Paul Renfro는 가족 기반 모델은 "부모들이 주된 제자 양육자로 자녀들의 삶에 동참할 수 있도록 분명하고 지속적인 부모 교육이 필요하다"고 말한다. 이 모델을 적용할 때는 자녀 양육에 대한 부모의 책임을 지속적으로 강조해야 하는 것이다.

가족 통합 모델 Family-integrated Model

가족 통합 모델은 '교회 같은 가족'을 만드는 것이 목적이다. 이를 위해 교회의 세대 구분을 없앤다. "청소년 그룹이 없고, 어린이 교회도 없고, 연령별 주일 학교도 없는" 새로운 목회 구조를 만드는 것이다. 주일학교가 없던 초대교회를 지향하며 전 세대가 함께 드리는 예배를 강조하는 것이다. 특별히 이 모델은 가족의 동반자 관계를 강조하는데 존스 Timothy Paul Jones 교수는 다음과 같이 설명한다:

> 가족 통합 모델은 새로운 프로그램을 추가하거나 이미 발생하고 있는 행사들을 결합하는 대신에 세대 구분의 모든 가능성들을 제거한다. 가족 통합 모델을 지지하는 사람들은 연령에 따라 조직 된 사역의 성경적 불충분성을 찾아냄으로 모든 활동과 행사들을 세대 통합적으로 만든다.

이런 관점에서 보디 바우참 주니어 Voddie Baucham Jr. 는 교회를 '함께 살고 숨 쉬는 가족 중의 가족'으로 정의한다. 폴 렌프로 Paul Renfro 도 교회는 '함께 살고 일하고 사역하고 예배하는' 영적 가족이라고 말한다. 교회는 공동체적 삶을 추구하는 가족으로 존재하는 것이다.

가족 통합 모델의 강점은 효과성과 단순성이다. 먼저 효과성은 가족을 분리하는 사역의 가능성을 제거하는 데서 나타난다. 주일 학교가 없기 때문이다. 부모는 주일의 모든 시간을 자녀와 공유할 수 밖에 없다. 목회자도 모든 사역을 가족 단위로 계획할 수 밖에 없다. 영적 배수진을 치고 자녀의 영적 성숙을 자연스럽게 촉진하는 구조를 만드는 것이다. 그래서 교회를 이 모델로 전환하면 집중력 있는 가정 사역이 가능하다.

단순성은 단순한Simple 교회 구조를 형성한다는 것이다. 교회 안에 하나의 기관만 존재하기에 '매우 단순한 구조와 일정'을 가지게 되기 때문이다. 가족들은 자연히 함께 생활할 시간을 가지게 된다. 목회자들도 다른 것에 신경 쓰지 않고 목양에만 집중할 수 있다. 단순한 구조는 목회자와 부모가 본질에 집중해 신앙을 전수하는 환경을 제공하는 것이다. 그래서 이 모델은 초대 교회처럼 부모가 자녀의 신앙 교육에 책임을 가지게 만드는 방법이 된다.

반면에 한국의 목회 환경에서 가족 통합 모델은 세 가지 어려움을 가진다. 다른 형태의 가족 구성을 가진 성도들의 거부감, 기성 교회에 대한 적용의 어려움, 그리고 성장의 한계성이다. 첫 번째 한계인 '다른 형태의 가족 구성을 가진 성도들의 거부감'은 유교 문화권 내에서 일반적이지 않은 가정들홀부모 가정, 이혼 가정, 또는 동거 가정 등의 구성원들이 소외된다는 점이다. 이는 현대 목회에서 큰 어려움으로 작용한다. 자칫 가족을 너무 강조하면 복음의 확장을 가로막는 결과가 나타날 수도 있다.

그래서 가족 통합 모델은 기존의 전통 교회들이 적용하기에 어려움이 있다. 만약 어떤 교회가 이 모델을 적용하려고 한다면 목회자는 성도들의 반대를 직면할 수 있다. 아이들이 훈련되기 전까지는 예배에 집중하지 못하고 떠들거나 돌아다니는 아이들로 불편을 호소하는 성도들이 발생할 가능성도 높다. 부모도 자녀가 예배에 집중하지 못하면 심리적 압박 또는 비교 의식을 가지기도 한다. 더욱이 주일 학교를 없애는 것은 많은 수의 전통 교회들에게 불가능한 것으로 여겨지기도 한다.

마지막으로 이 모델은 초대 교회와 같은 삶의 많은 측면을 공유하는 소규모 영적 공동체를 지향하기에 교회 규모에 한계가 발생한다. 이는 복음의 확장을 제한하는 결과로 이어질 수 있다. 깨어진 가정이나 자녀가 예배에 집중하지 못하는 가정은 적응하기 쉽지 않기 때문이다. 현실적인 부분에서 적은 인원으로 인한 재정적 부담도 감수해야 한다. 그래서 확실한 사명 의식과 충분한 동의가 없이는 시도하기 어려운 모델이다.

가족 훈련 모델 Family-equipping model

마지막으로 가족 훈련 모델은 가족 기반 모델과 가족 통합 모델의 중간 형태를 지향한다. 주일 학교를 유지하지만 부모들의 영적 책임을 강조하는 것이다. 존스 교수는 이 모델을 지지하며 다음과 같이 설명한다.

> 가족 단위 제자훈련 모델family-equipping model은 현재 교회가 가지고 있는 사역들을 제자 훈련이라는 목표 아래 정렬하여 부모가 자녀들에게 모범을 보이며 살도록 훈련하는 것이다. 이를 통해 부모는 자녀의 삶에 가

장 큰 영향력을 주는 제자 훈련자로서의 책임을 지는 것이다. 그래서 이 모델은 교회가 이미 가지고 있는 활동들의 방향을 바꾸어 부모가 자녀를 가장 중요한 제자로 훈련하게 만드는 것이다. 이런 의미에서 가족 단위 제자훈련에서 중요한 점은 가족 단위 활동의 증가가 아니라 복음에 근거한 정체성을 개발하는 것이다. 그래서 이 사역 모델이 뿌리내리면 목회자는 교회의 다양한 활동들을 결합하거나 줄임으로 부모들이 스스로 "가정에서 자녀를 훈련할 수 있는" 시간을 부여하게 된다.

가족 훈련 모델을 적용하는 교회들은 다양한 가족 단위 프로그램을 진행한다. 그러나 모든 사역의 목적은 부모를 훈련하여 가정에서 자녀를 훈련하는 것으로 통일된다. 이를 통해 '가족 같은 교회'와 '교회 같은 가족'을 동시에 추구한다.

그래서 이 모델의 핵심은 교회의 사역 구조를 바꾸는 것도 새로운 가족 친화적 프로그램을 시작하는 것도 아니다. 기존의 교회 구조에서 '목회를 바라보는 관점과 역할'을 변화시켜 새로운 목회 철학을 구현하는 것이다. 이는 기존의 교회 구조에서 새로운 사역을 가능하게 하는 창의석 접점을 찾는 것이다.

여기서 중요한 창의적 접점은 '선교적 가정을 추구할 때' 발견할 수 있다는 사실이다. 가정 사역은 가족이 복음으로 세상을 바라보도록 만드는 것이기 때문이다. 이는 "신앙 성장을 위한 하나님의 본래 계획"을 회복해서 "믿음의 가족들을 통해 세상에 영향을 미치는 것"이다. 교회에 가정들을 모으는 사역에서 교회가 가정을 세상으로 파송하는 사역으로 전환하는 것이다. 벤 프루덴버그$^{Ben\ F.\ Freudenburg}$와 릭 로렌스$^{Rick\ Lawrence}$는 이 구조를 등대와 발전소로 비유한다:

새로운 패러다임에서 교회는 여전히 빛을 가지고 있지만 등대는 아니다. 여기서 교회는 발전소이기 때문이다. 교회는 바쁘고 활동적이지만, 그 존재 목적은 '복음의 빛을 비추는' 등대의 역할을 하는 가정들에게 전기^{동력}를 공급해 주는 것이다. 이는 발전소^{교회}가 하나님의 에너지와 사랑으로 가정들을 채우는 것인데 교회가 가지고 있는 자원들과 훈련 그리고 프로그램들을 통해 젊은이들을 믿음 안에서 성장하도록 이끄는 것이다. 교회는 여전히 지역 사회의 선교를 위한 기지이지만, 그 주된 기능은 그 주변에 있는 등대들^{가정}에게 에너지를 공급하는 것으로 변화한 것이다. 가정은 다음 세대의 신앙 훈련을 위해 교회의 파트너로 자신을 여기고 교회는 그 역할을 지원하는 것이다. 이를 통해 교회는 훈련 센터가 되고, 가정은 신앙 교육 센터가 된다.

이러한 패러다임의 전환은 목회자들에게 선교적 가정 사역$^{Missional\ Family\ Ministry}$을 추구하라고 요청한다. 같은 관점에서 티모시 폴 존스와 랜디 스틴슨은 "가족 자체는 가정 사역의 목표 또는 중심이 아니다. 가정 사역을 위한 성경적 모델은 가족이 함께 선교에 동참하도록 만드는 것이다."라고 말한다.

그림 2. 가정 사역의 패러다임 전환: '교회 중심, 가정 지원'을 '가정 중심, 교회 지원'으로

그래서 가족 훈련 모델의 목적은 선교적 가정을 세우는 것이다. 제이 스트로더 Jay Strother의 표현을 빌리자면 "가족 구성원에게 예배의 토대를 제공하고 제자 훈련으로 성장시켜서 하나님이 이끄시는 어디든지 선교하러 가도록 훈련하는 것"이다. 이는 신앙 성장을 위한 자연적 과정 organic process과 제자로 성장하기 위한 현대 기독교인들의 문화적 요구 cultural needs를 모두 충족시키는 것이다. 또한 성경이 말하는 '가서 제자 삼는 공동체'로 가정을 만들어가는 방법이다.

한국의 목회 환경에서 이 모델은 교회 구조에 급진적인 변화를 요구하지 않고, 젊은 한국인들의 가족 중심주의에 부합할 수 있으며, 각 교회의 환경에 맞추어 변화를 줄 수 있다는 세 가지 강점을 가진다.

먼저 이 모델은 기존의 전통적 주일 학교 구조를 유지한 채 사역자의 역할 변화를 추구한다. 이는 교회의 급진적인 구조 변화 없이도 새로운 문화를 창조하도록 유도하기에 전통적인 교회에서도 실행이 가능하다. 또한 교사들에게 그들의 사역적 부담을 부모와 함께 나누도록 하기 때문에 주일 학교에 관계된 사람들에게도 호의적인 반응을 이끌어낼 수 있다. 한국 교회에 곧바로 적용할 수 있는 모델이라는 것이다.

둘째로 자기중심적인 동시에 가족을 중시하는 밀레니엄 세대Millennials의 특성에도 부합하는 모델이다. 이들은 자녀를 주일 학교에 맡기고 예배에 편안하게 참여하기 원하면서도 자녀 교육에 많은 관심을 가지고 있는 세대이기 때문이다.

특별히 패밀리 처치 미드타운Family Church Midtown의 어린이 부서 및 가정 사역 담당자인 조지 에스토넬George Estornell은 '연령별 예배는 가족 단위 제자훈련 목회의 핵심'이라고 주장한다. 부모들이 예배를 통해 하나님의 은혜를 경험하지 못하면 가정에서 자녀를 제자로 훈련할 수 없기 때문이다. 그래서 부모가 온전히 예배드리는 1시간을 만들기 위해 교회적 노력을 기울인다. 이미 부모가 된 밀레니엄 세대를 먼저 복음 앞에 세우는 것이 다음 세대에게 신앙을 전수하는 방법이라는 것이다.

마지막으로 이 모델은 교회의 상황에 따라 한 쪽을 더 강조하는 전략적 수정이 가능하다. 가족 기반 모델과 가족 통합 모델의 중간에 위치하기 때문이다. 가족 기반 모델처럼 교회가 사역을 주도하는 동시에 가정의 책임을 강조할 수 있다. 가족 통합 모델처럼 가족의 역할을 강조하면서도 주일학교가 존재하기에 연령별 사역을 진행할 수도 있다. 사역을 진행하면서 발생하는 다양한 상황에 적절하게 대응할 수 있다는 것이다.

  가족 훈련 모델도 세 가지 약점이 있다. 사역에서의 모호성, 교회의 지도를 바라는 평신도들의 요구, 그리고 평가의 어려움이 그것이다. 첫째로 이 모델을 적용할 때 애매한 형태를 가질 수 있다. 중간지대에 위치하기 때문이다. 폴 렌프로가 "주일 학교에서 진행되는 연령별 사역은 자연스럽게 부모가 아닌 성인들이 자녀들에게 일정한 교육 또는 훈련을 하도록 허락하는 것이다. 그래서 부모는 자신의 책임을 그들에게 떠넘기려는 유혹을 받게 된다."라고 지적한 것처럼 부모와 교사가 모호한 책임을 가지면 갈등의 여지를 제공할 수 있는 것이다. 심한 경우에는 교회 구성원들을 자녀를 직접 가르치는 것이 가능한 가정과 여러 가지 환경적 요인들(직업적 특성, 불신 배우자, 이혼, 또는 자녀와의 관계 문제 등)로 자녀를 교회 교육에 위임해야 하는 가정으로 양분할 위험도 가진다.

  둘째로 이 모델은 가정에서의 자녀교육을 강조하지만, 한국 교회가 가지고 있는 수동적이고 위계적인 문화가 걸림돌로 작용할 수 있다. 가족 통합 모델처럼 주일학교를 없애지 않으면 교회를 의존하려는 성향은 늘 존재하기 때문이다. 더군다나 목회자에게 의존하는 경향이 많은 성도들은 시간과 방법을 제공해 준다고 하더라도 목회자가 직접 교육해 주기를 원하기도 한다. 그래서 이 모델을 적용하기 위해서는 충분한 교육과 목양이 필요하다.

마지막으로 가족 훈련 모델은 가족 기반 모델보다 사역 내용의 평가에 오류가 발생할 가능성이 있다. 한국의 경쟁 문화 때문이다. 부모가 자기 자녀의 훈련을 담당할 경우 객관적 평가 대신 다른 사람을 의식해서 평가를 할 수 있는 것이다. 내 자녀가 좋은 신앙을 가지고 있다고 생각하려는 유혹이나 내 자녀이기에 가혹한 평가를 내릴 가능성이 존재한다. 그래서 자칫 잘못하면 이 모델은 자녀를 훈련하는 부모가 아닌 자신과 자녀의 신앙을 속이는 위선을 만들 수도 있다.

• 참고문헌 •

1   Christian Smith and Melina Lundquist Denton, Soul Searching: The Religious and Spiritual Lives of American Teenagers (2005; repr., Oxford: Oxford University Press, 2009), 247
2   Pipher, Mary. "The New Generation Gap: For the Nation's Health, We Need to Reconnect Young and Old." USA Weekend. March 21, 1999
3   Paul Renfro et al., Perspectives on Family Ministry: 3 Views, ed. Timothy Paul Jones (Nashville, TN: B & H Academic, 2009), 13. Timothy Paul Jones calls the traditional Sunday school structure as "One-Eared Mickey Mouse," because it is unnatural. Thus, he strongly claims that the balance between the responsibility of a church and a home: Partnership between pastors and parents.
4   평균의 허구성을 이해하면 경쟁 구도에서 벗어날 수 있다. 자세한 내용은 토드 로즈, 평균의 종말: 평균이라는 허상은 교육을 어떻게 속여왔나, 정미나 옮김 (파주: 21세기북스, 2018).
5   Aubrey Malphurs, Strategic Disciple Making: A Practical Tool for Successful Ministry (Grand Rapids: Baker Books, 2009), 44-45.
6   H. B. London and Neil B. Wiseman, It Takes a Church within a Village: Building Values and Character in Our Children (Nashville: T. Nelson, 1996)
7   London and Wiseman, It Takes a Church within a Village, 85. Originally written as, "Government can never do what the family and the church were planned to do."
8   Timothy Keller, Serving a Movement: Doing Balanced, Gospel-Centered Ministry in Your City (Grand Rapids: Zondervan, 2016), 159.
9   Andy Crouch, Culture Making: Recovering Our Creative Calling (Downers Grove, IL: IVP, 2008), 78-98.
10   Elie Holzer and Orit Kent, A Philosophy of Havruta: Understanding and Teaching the Art of Text Study in Pairs (Boston: Academic Studies Press, 2014), 186-93. In this book, Holzer and Kent describe the culture of Jewish education: "the symbiotic interaction between a text and two havruta learning partners" (1). The goal of this interactive learning is leading "each learner toward a more reflective and critical viewpoint and a deeper self-consciousness," which make a person's ethical and religious maturity; and

Elie Holzer, Attuned Learning: Rabbinic Texts on Habits of the Heart in Learning Interactions (Brighton, MA: Academic Studies Press, 2017), 12-21. Holzer highlights the "experimental aspects of teaching and learning" in Jewish education (21). He writes, "The integration of the pedagogical with the ethical, and imaginative and critical thinking with human interactions, forges a philosophy that fosters habits of the mind, the hand, and the heart, and assumes that learning through inner as well as outer dialogue is a worthy way of living. All of this has led to the conceptualization and design of a model of chavruta learning (the study of texts by a pair of learners) comprised of three categories of practices that can be taught and learned: intrapersonal (an individual's perceptions, feelings, and ethical sensibility), interpersonal (interactions with others such as a teacher, student, and/or co-learner), and textual-interpretive (engagement with the subject matter), as well as the discussion of the formative ethical aspects of these practices" (12-13)

11   James S. Jeffers, "Jewish and Christian Families in First-Century Rome," in Judaism and Christianity in First-Century Rome, ed. Karl P. Donfried and Peter Richardson (Grand Rapids: Eerdmans, 1998), 150. Originally written as, "Despite the division of responsibility implied in some of the literature, the Jewish or Christian mother in Rome probably shared many of the duties usually given to the father, such as providing financial support, educating, and disciplining. When the marriage dissolved, she probably kept the children. If she did not remarry, she would assume full responsibility for the children. In the case of mixed-religion marriages, . . . if the wife was the Christian, her faith would have caused real problems in her marriage. 1 Peter makes clear that the Christian congregations had contact with such women."

12   Everett Ferguson, Backgrounds of Early Christianity, 3rd ed. (Grand Rapids: Eerdmans, 2003), 77-80; Carolyn Osiek, Margaret Y. MacDonald, and Janet H. Tulloch, A Woman's Place: House Churches in Earliest Christianity (Minneapolis: Fortress Press, 2006), 84. Osiek, MacDonald, and Tulloch even state that wives had a greater obligation to socialize their children than did men in Polycarp's time.

13   Ben Witherington III, Letters and Homilies for Hellenized Christians (Downers Grove, IL: IVP Academic, 2006), 359; H. A. Ironside, 1 and 2 Timothy, Titus, and Philemon, An Ironside Expository Commentary (Grand

Rapids: Kregel Academic & Professional, 2008), 103; Craig A. Smith, 2 Timothy, Readings: A New Biblical Commentary (Sheffield, England: Sheffield Phoenix Press, 2016), 27-28.

14 Craig A. Smith, 2 Timothy, Readings: A New Biblical Commentary (Sheffield, England: Sheffield Phoenix Press, 2016), 133. This work interprets "the sacred writings" as "the Jewish materials," even if Smith claims that "when the two words 'holy' (hiera) and 'letters' (grammata) are placed together, they refer to OT Scriptures." The reason is, as Smith himself says, "Grammata has a wide variety of meanings." It is significant that Timothy had learned Jewish knowledge with hidden gospel truths.

15 Holzer and Kent, A Philosophy of Havruta, 189. The authors write that "the task of textual interpretation is to have the world of the text—its meaning—emerge through the work of the text. This corresponds with our first phase of havruta text study, whose purpose is to 'make the text speak' by generating sound textual interpretations" (43). For them, a text is a partner for havruta—not a subject for study (46-48). Listening to the voice of a text is the first and foremost task for each learner (106, 168) because of the prerequisite of reader influences on the interpretation (108). The text meaning is changeable due to the modification of the reader's worldview, so Paul encouraged Timothy to acknowledge wisdom for salvation through traditional Jewish learning methods.

16 Timothy Paul Jones, Family Ministry Field Guide: How Your Church Can Equip Parents to Make Disciples (Indianapolis: Wesleyan Publishing House, 2011), 178

17 Malphurs, Strategic Disciple Making, 41-45.

18 Timothy Paul Jones, "Why Every Church Needs Family Ministry," in Paul Renfro, Brandon Shields, and Jay Strother, Perspectives on Family Ministry: Three Views, ed. Timothy Paul Jones (Nashville: B&H Academic, 2009), 26-36.

19 Jones, Family Ministry Field Guide, 53-61

20 Malphurs, Strategic Disciple Making, 15-16. Originally written as, "I am aware of at least one church that believes its mission is to help parents minister to their family. The pastor and the church highly value family. It is the church's overarching primary value that influences its other values and all its

ministries. People go to this church because of the help it provides in growing strong, biblically focused families. While no one would object to this as a core value in the church, we must object to its being the mission of the church. Again, the church's overall mission is to make disciples, not only to focus on and help its families. I would argue that ministering to families is a part of discipleship, but this involves more than just ministering to adults and their children."

21   Bryan Nelson and Timothy Paul Jones, "Introduction: The Problem with Family Ministry," in Trained in the Fear of God: Family Ministry in Theological, Historical, and Practical Perspective, ed. Randy Stinson and Timothy Paul Jones (Grand Rapids: Kregel Publications, 2011), 28. Originally written as, "Family ministry is not the answer; family ministry will not fix your church's problems; and, family ministry will not transform people's lives. The gospel is what changes people—not programs or practices, not models or methods; but solely and only the gospel of Jesus Christ. Every local church should be concerned first about how the gospel is portrayed, presented, and practiced in the congregation. This includes considering how local congregations teach on the subjects of marriage and parenting and how they encourage and minister to families. Healthy families are not, however, the goal. To place anything as the church's goal besides the glory of God experienced through the gospel is to create an idol, and the idol of family ministry is no less loathsome to God than the orgiastic shrines of Canaan or the pantheon of ancient Rome."

22   W. Ryan Steenburg and Timothy Paul Jones, "Growing Gaps from Generation to Generation: Family Discipleship in Modern and Postmodern Contexts," in Stinson and Jones, Trained in the Fear of God, 144-54

23   Reggie Joiner, Think Orange: Imagine the Impact When Church and Family Collide (Colorado Springs: David C. Cook, 2009), 26.

24   Brian Croft, The Pastor's Ministry: Biblical Priorities for Faithful Shepherds (Grand Rapids: Zondervan, 2015), 14-17.

25   Jana Magruder, Nothing Less: Engaging Kids in a Lifetime of Faith (Nashville: Lifowy, 2017), 49-75.

26   제임스 K. A. 스미스, 습관이 영성이다, 박세혁 옮김 (서울: 비아토르, 2018), 39. 원제: James K. A. Smith, You Are What You Love (Grand Rapids, Baker Publishing Group, 2016).

27 스미스, 습관이 영성이다, 247-56.
28 Timothy Keller, The Prodigal God: Recovering the Heart of the Christian Faith (New York: Penguin Publishing Group, 2008), 107, Kindle.
29 Keller, The Prodigal God, 121-22.
30 Ben F. Freudenburg and Rick Lawrence, The Family-Friendly Church (Loveland, CO: Vital Ministry, 1998), 17. The authors write, "Fewer than one-third of youth report that any of the above activities happens often—either in their past or present—and adults are even less likely to remember these experiences in their childhood and adolescence."
31 Jones, Family Ministry Field Guide, 152.
32 This work will introduce these four practices in the fifth chapter in accordance with Korean churches. For more information, see Jones, Family Ministry Field Guide, 151-70.
33 Jones, Family Ministry Field Guide, 156-58.
34 http://kostat.go.kr/portal/korea/kor_nw/1/1/index.board? bmode=read&aSeq=386517
35 조주은, "새로운 가족: 시대 변화에 따른 가족의 재정의," in 한국의 논점 2018: 키워드로 읽는 한국의 쟁점 41, ed. 강양구, 장은수, 한기호 (서울: 북바이북, 2017).
36 타파크로스, 빅데이터로 보는 밀레니얼 세대: 대한민국의 기업과 조직 사회가 가장 주목해야 할 대상! (서울: 북투데이, 2017), 232-35.
37 Thom S. Rainer and Jess W. Rainer, The Millennials: Connecting to America's Largest Generation (Nashville: B&H Publishing Group, 2011), 74-76.
38 Gayle Kaufman, Superdads: How Fathers Balance Work and Family in the 21st Century (New York: New York University Press, 2013), 170-71.
39 Rainer and Rainer, The Millennials, 20; Elmore, Generation iY, 38.
40 Steve Wright and Chris Graves, ApParent Privilege (Wake Forest, NC: InQuest Ministries, 2008), 57-58.
41 Vern L. Bengtson, Norella M. Putney, and Susan C. Harris, Families and Faith: How Religion Is Passed Down across Generations (New York: Oxford University Press, 2013), 56.
42 Bengtson, Putney, and Harris, Families and Faith, 91.
43 Joiner, Think Orange, 48. Originally written as, "If you're a church leader, your purpose is not to equip parents to have exceptional parenting skills. If you set unrealistic expectations, you may create an atmosphere in which parents

become discouraged and children get disillusioned. . . . It is important to help parents understand that their role is not to impress their children or anyone else with their ability to parent. Their role is to impress on their children the love and character of God. . . . God is at work telling a story of restoration and redemption through your family. Never buy into the myth that you need to become the "right" kind of parent before God can use you in your children's lives. Instead, learn to cooperate with whatever God desires to do in your heart today so your children will have a front-row seat to the grace and goodness of God."

44   Kenda Creasy Dean, Almost Christian: What the Faith of Our Teenagers Is Telling the American Church (New York: Oxford University Press, 2010), 119.

45   Jones, Family Ministry Field Guide, 73. Originally written as, "Because of the extent of humanity's fall, meeting children's needs and bettering children's behaviors will never be enough. At best, parental patterns of provision and discipline prepare children to know the kindness of a heavenly Father, to sense the depth of their own sin, and to recognize their need for the gospel."

46   Jones, "Why Every Church Needs Family Ministry," 50. Originally written as, "Complete and continual segmentation of the generations does not adequately reflect God's plan for God's people. Churches must intentionally create contexts that equip dissimilar generations to live their faith together."

47   James Emery White, Christ among the Dragons: Finding Our Way through Cultural Challenges (Downers Grove, IL: IVP Books, 2010), 105-7. The author states that love and unity are the mark of Christians, so ministers must encourage church members to unite with others in love.

48   Joiner, Think Orange, Concentrate 8.2. Originally written as, "Regularly getting parents and kids together for a shared experience is a key element of an Orange strategy, but maintaining this kind of family experience doesn't have to break a budget or involve full-time circus performers on staff. At the most basic level, family experiences happen every day without any planning at all. Think about your experiences in parks, restaurants, homes, and schools and the way the family connects in these places. The best qualities of these times can be strategically adapted to create an environment where churches and families partner to influence children."

49   Joiner, Think Orange, 124.

50   Rainer and Rainer, The Millennials, 104. Originally written as, "The pace of technological change will quickly bring new approaches. . . . The most fascinating part of the communication line between Jess and Thom is Jess' desire to say in touch with his mom and dad. He will often initiate the communication; and it's not unusual for him to contact his parents several times a week via cell phone, text message, e-mail, Twitter, and Skype. Jess is a typical Millennial in this regard. He values relationships, and he is determined to do his part to keep relationships open and active. We cannot overstate how important relationships are in motivating this generation."

51   이정민, "한국이 스마트폰·인터넷 사용 비율 세계 1위," 조선비즈, 2018년 6월 24일, accessed August 24, 2018, http://biz.chosun.com/site/data/html_dir/2018/06/24/2018062402004.html.

52   Joiner, Think Orange, 177.

53   Dean, Almost Christian, 143. She also claims that "singing and teaching Sunday School offer additional training in conversational faith among American adolescents" with a statistic that shows "practices promoting religious articulacy in American teenagers" (142). What is clear from her argument is that Christian music is helpful in promoting faith and increasing family relationships.

54   Robby Gallaty is the senior pastor of Long Hollow Baptist Church in Hendersonville, Tennessee. See Robby Gallaty and Kandi Gallaty, Foundations for Kids: A 260-Day Bible Reading Plan for Kids (Nashville: LifeWay, 2016), 4-5. Gallaty elucidates that "the acronym H.E.A.R. stands for Highlight, Explain, Apply, and Respond. Each of these four steps contributes to creating an atmosphere to hear God speak. After settling on a reading plan and establishing a time for studying God's Word, you will be ready to H.E.A.R. from God."

55   Donald S. Whitney, Family Worship (Wheaton, IL: Crossway, 2016), 44.

56   Grace and Mercy Foundation, 커뮤니티 성경읽기 가이드북 (서울: Grace and Mercy Foundation, 2017), 12-15. The Grace and Mercy foundation had recorded the entire Bible with more than a hundred performers and voice actors, and produced eighty-five hours of the Drama Bible to be heard. For more information, see the webpage: "G&M Foundation Korea," Grace and Mercy, accessed September 14, 2018, http://en.gnmkorea.org/.

57   Whitney, Family Worship, 47-48.

58   Jones defines Faith talks as "designated time, at least once per week, for the household to gather for prayer and to study a biblical truth together. This household gathering may include not only parents and children but also other individuals who have been invited to share this time with the family." See Jones, Family Ministry Field Guide, 154. Additionally, Brian Haynes describes the concept as, "A Faith Talk is a time set aside each week for families to gather around the Bible, its application to life, and the worship of Jesus. Faith Talk is the formal way that parents can teach the biblical truths necessary for our children to understand and apply as they progress along the legacy path," in Brian Haynes, The Legacy Path: Discover Intentional Spiritual Parenting (Nashville: Randall House, 2011), 899-901, Kindle. Jones, Family Ministry Field Guide, 158-60.

59   서창원, "개혁교회와 가정예배의 중요성," in 개혁교회 목회와 가정사역 (서울: 진리의깃발, 2018), 124-30. 저자는 가정예배의 역할을 강조하면서 이렇게 이야기한다: "가정에서 식구들 사이에 나누는 영적인 대화는 믿음의 진보를 위한 필수적인 것이다. 특별히 가족 구성원들의 영적인 상태와 문제가 진단되고 처방되는 효과를 나타낸다. 자녀들이 겪고 있는 죄 문제를 비롯하여 위로와 소망을 심어주는 일들을 통해서 책망과 치유와 회복을 경험할 수 있는 교회의 기능이 가정에서 활발하게 발생하게 되는 것이다."

60   Jones, Family Ministry Field Guide, 159-60. Jones maintains that Faith talks should turn expecting into equipping, so he places "Go Together: Faith Walk" as the last step in his example guide for the Faith talk.

61   Brian Haynes, The Legacy Path: Discover Intentional Spiritual Parenting (Nashville: Randall House, 2011), 998, Kindle. Emphasis added.

62   James K. A. Smith, Desiring the Kingdom: Worship, Worldview, and Cultural Formation, Cultural Liturgies, vol 1. (Grand Rapids: Baker Academic, 2009), 212.

63   Haynes, The Legacy Path, 909, Kindle. Moreover, Haynes writes, "Ignite a spiritual fire in your home by honoring Christ formally once per week by leading a family worship time."

64   Jones, Family Ministry Field Guide, 162.

65   Haynes, The Legacy Path, 1053, Kindle.

66   Matt Chandler and Adam Griffin, Family Discipleship: Leading Your Home

through Time, Moments, and Milestones (Wheaton, IL: Crossway, 2020), 111. Kindle. Originally written as, "Family Discipleship Moments: Capturing and leveraging opportunities in the course of everyday life for the purpose of gospel-centered conversations."

67 Holzer and Kent, A Philosophy of Havruta, 91.

68 Holzer and Kent, A Philosophy of Havruta, 94. In recent years, some Koreans have stressed how to ask an open question for Jewish learning, but it is an erroneous approach. Holzer and Kent state, "In fact, asking open questions is more difficult than answering them. Gadamer warns us that asking questions is not actually a method of knowing. For him, questioning consists in remaining open during reading so that questions can occur. We, however, as instructors, believe that students can become aware of and develop their ability to ask open questions, but we also keep in mind that our challenge lies in helping students learn to discern the questionability of the text, not merely teaching questioning as a technique."

69 Jones, Family Ministry Field Guide, 162.

70 가족 성장 프로세스(Milestones)에 대해 더 자세한 내용은 Brian Haynes 의 책, Shift: What It Takes to Finally Reach Families Today (Loveland, CO: Group Publishing Inc., 2009와 The Legacy Path: Discover Intentional Spiritual Parenting (Nashville: Randall House, 2011) 참조.

71 Michelle Anthony, Spiritual Parenting: An Awakening for Today's Families (Colorado Springs, CO: David C. Cook, 2010), 193. Originally written as, "The Shema says learning to know God happens best in the natural flow of life. This means that teaching our children who God is does not happen only in the environment of storytelling, when we sit them down and say, "Now I will tell you the great mysteries of God." We need to do that, but the natural flow of their lives offers the most fertile soil for knowing God personally. Every single opportunity, every single hour that we are given in a day, is an opportunity for our children to discover who God is."

72 Haynes, Shift, 42. Haynes suggests seven milestones: "the birth of a baby," "faith commitment," "preparing for adolescence," "commitment to purity," "passage to adulthood," "high school graduation," and "life in Christ."

73 구글에 Family Ministry Milestones를 검색하면 수많은 교회가 등장한다.

74 박선영, 박상준, ""가족여행 붐: 가족여행 '5개년 계획' 세웠나요?" 한국일보,

2017년 7월 7일, accessed September 7, 2018, hp://www.hankookilbo.com/v/7 1851e6a80a643d48e73111d33ea7dd1.

75   김난도 외, 트렌드 코리아 2018: 황금 개의 해, 꼬리가 몸통을 흔들다 (서울: 미래북스, 2017), 45-46.

76   Nancy Pearcey, Total Truth: Liberating Christianity from Its Cultural Captivity, Study Guide ed. (Wheaton, IL: Crossway Books, 2008), 95.

77   The Village Church, "Family Discipleship: Helping Your Household Establish a Sustainable Rhythm of Time, Moments, and Milestones" (Flower Mount, TX: The Village Church, 2017), 14-15.

78   Holly Catterton Allen and Christine Lawton Ross, "The Benefits of Intergenerality," Journal of Discipleship and Family Ministry: Intergenerational Faithfulness 3, no. 2 (2013): 22.

79   Jones, Family Ministry Field Guide, 146-47. Jones suggests encouraging ministry leaders to write a letter initially for expressing their expectation and love for their family members, particularly children, to apply a model of family ministry.

80   Larry Richards and Gary J. Bredfeldt, Creative Bible Teaching, rev. and expanded ed. (Chicago: Moody Press, 1998), 48.

81   Bruce A. Ware, Big Truths for Young Hearts: Teaching and Learning the Greatness of God (Wheaton, IL: Crossway, 2009), 13-14.

82   Anthony, Spiritual Parenting, 44.

83   Anthony, Spiritual Parenting, 60.

84   Donald S. Whitney, Spiritual Disciplines for the Christian Life, rev. and updated ed. (Colorado Springs, CO: NavPress, 2014), 258-60.

85   Magruder, Nothing Less, 12-14, 22-25.

86   타파크로스, 빅데이터로 보는 밀레니얼 세대, 151-53.

87   Family Church Midtown in West Palm Beach, Florida, and Southeast Christian Church in Louisville, Kentucky, hold various lectures and events with respect to family life. These churches have conducted seminars for families on a regular basis; but, from the church members' viewpoint, these lectures and events are irregular. The reason is that church members participate in these programs for their timely needs, rather than for their constant development.

88   Jones, Family Ministry Field Guide, 173-78.

89   Gary A. Parrett and S. Steve Kang, Teaching the Faith, Forming the

Faithful: A Biblical Vision for Education in the Church (Downers Grove, IL: IVP Academic, 2009), 330.
90 이미영, "세대통합목회, 한국교회 미래 달려있다 (1)," 기독일보, 2013년 10월 7일, accessed September 12, 2018, http://www.kidok.com/news/articleView.html?idxno=82514.
91 Brandon Shields, "Response to Paul Renfro: Family-Integrated Ministry," in Perspectives on Family Ministry: 3 Views, ed. Timothy Paul Jones (Nashville: B&H Academic, 2009), 81-84.
92 Jones, Family Ministry Field Guide, 130-35.
93 Bengtson, Putney, and Harris, Families and Faith, 98.
94 Whitney, Spiritual Disciplines for the Christian Life, 249.
95 Whitney, Spiritual Disciplines for the Christian Life, 258-60. According to him, "Journaling is an effective way of teaching the things of God to our children and grandchildren, and of transmitting our faith into the future (compare Deuteronomy 6:4-7; 2 Timothy 1:5). There could be an unimaginable future spiritual impact in something we write today" (258).
96 Whitney, Spiritual Disciplines for the Christian Life, 266-69.
97 Whitney, Spiritual Disciplines for the Christian Life, 257-60.
98 Whitney, Spiritual Disciplines for the Christian Life
99 토드 로즈, 평균의 종말: 평균이라는 허상은 교육을 어떻게 속여왔나, 정미나 옮김 (파주: 21세기북스, 2018).
100 Parrett and Kang, Teaching the Faith, Forming the Faithful, 309.
101 '제임스 K. A. 스미스, 습관이 영성이다, 박세혁 옮김 (파주: 비아토르, 2018), 227.
102 J기도하는 엄마들'이란?, http://www.mip.or.kr/
103 한국 MIP 대표 인사글, http://www.mip.or.kr/
104 Jones, Family Ministry Field Guide, 164. Jones describes, "The precise processes of growth in faith can be very different from one child to another. This has as much to do with children's differing patterns of social and intellectual development as with their spiritual formation. Even for the best parents, it is difficult to address each child's individual spiritual challenges in a weekly faith talk. That's why family-equipping ministries partner with parents to develop specific faith processes for each child."
105 'Haynes, Shift, 42. Haynes suggests seven milestones: (1) the birth of

a baby, (2) faith commitment, (3) preparing for adolescence, (4) commitment to purity, (5) passage to adulthood, (6) high school graduation, and (7) life in Christ. However, in the Bay Area Church in League City, Texas, which Haynes now serves as the lead pastor, the legacy milestones have somewhat different names: (1) family dedication, (2) gospel foundations, (3) preparing for adolescence, (4) purity in life, (5) rite of passage, (6) high school graduation, and (7) life in Christ. See Haynes, The Legacy Path, 1109-1750, Kindle; and the webpage, "Legacy Milestones," Bay Area Church, accessed September 18, 2018, https://bayarea.church/milestones.

106   Family Church Midtown의 목회자인 George Estornell에 따르면, 이 교회는 5학년 어린이들(한국 기준 6학년)에게 유치원 학년, 1학년, 2학년, 3학년 등 보다 어린 연령의 아이들의 "5학년 리더"로 섬길 기회를 부여하는데, 이 사역에 부모가 함께 동참한다. 이 시점부터 이 교회의 차세대 리더 발굴이 시작되는데, 교회적 관점에서는 5학년 시기부터 다른 사람들을 지속적으로 섬겨온 어린 리더들을 훈련시킴으로 미래에 이 교회를 섬기는 사역자를 키우는 시스템을 구성하는 것이다. 실제로 이 교회는 많은 수의 가족 단위 자원봉사자들이 존재하고, 이 과정을 통해 훈련을 받고 하나의 캠퍼스를 개척한 목회자도 배출했다. Southeast Christian Church도 가족 단위 사역을 권장한다. 실제로 수많은 가족들이 이 교회의 가족 축제(Family Palooza)를 함께 섬기는데, 이 행사를 함께 섬기는 가족들은 동일한 영적 경험을 공유하게 되고, 이는 가족의 추억이 될 뿐만 아니라 부모와 자녀의 관계를 증진하는 긍정적인 요소로 작용하고 있다. 가족이 함께 섬기기 때문에 어린이들을 사역자로 세울 수 있는 것이다.

107   Timothy Keller et al., Loving the City: Doing Balanced, Gospel-Centered Ministry in Your City (Grand Rapids: Zondervan, 2016), 256-58. The meaning of missional activities in this section stems from Timothy Keller's cultural-engagement idea.

108   Keller et al., Loving the City, 269. He claims, "One of the greatest points of tension between the models is in the way they understand the mission of the church. The traditional understanding of the Great Commission is that the church has been given the mandate to go into all the world to preach the gospel in order to make disciples of men and women from all nations. But three of the four models seem to add significantly to this mission. Many fear that emphasizing mercy and justice, or political and cultural engagement, will displace or at least severely erode the church's capacity for evangelism

and discipleship. . . . At this point it is important to remind ourselves of the critical distinction between the "church institutional" and the "church organic." Abraham Kuyper taught that the church institutional was the gathered church, organized under its officers and ministers. . . . [H]e distinguished it from the church organic, referring to all Christians living in the world who have been discipled and equipped to bring the gospel to bear on all of life. We should not think of Christians out in the world as merely distinct and detached individuals. They are the body of Christ, the church. As Christians in the world, they are still to think and work together, banding together in creative forms, being the church organic that the church institutional has discipled them to be."

109　Timothy Keller et al., Serving a Movement: Doing Balanced, Gospel-Centered Ministry in Your City (Grand Rapids: Zondervan, 2016), 63.

110　James K. A. Smith, Awaiting the King: Reforming Public Theology (Grand Rapids: Baker Academic, 2017), 221.

111　Timothy Paul Jones, "Why Every Church Needs Family Ministry," in Perspectives on Family Ministry: 3 Views, ed. Timothy Paul Jones (Nashville: B&H Academic, 2009), 297.

112　Parrett and Kang, Teaching the Faith, Forming the Faithful, 412-13.

113　Pearcey, Total Truth, 19.

114　제임스 K. A. 스미스, 습관이 영성이다, 박세혁 옮김 (파주:비아토르), 228.

115　Pearcey, Total Truth, 19.

한국NCD미디어는
한국NCD교회개발원의 출판 기관입니다.
www.ncdkorea.net